Elogios a
Imprevisível

"Ao longo dos anos, uma das coisas de que mais gostei como palestrante é ter tido oportunidades de passar algum tempo com Carey. Fizemos dezenas de refeições e tomamos mais cafés juntos do que posso contar. Tive o enorme privilégio de ouvir estas ideias enquanto estavam sendo desenvolvidas e como elas ajudaram líderes em todo o país. A questão não é se você terá que enfrentar estes desafios; a questão é quando. Prepare-se para passar um tempo com um líder que já enfrentou todos eles."

— JON ACUFF, autor de *Finish: Give Yourself the Gift of Done*, best-seller do *The New York Times*

"Esgotamento, ceticismo, desconexão, concessão — seriam essas apenas as maldições inevitáveis de envelhecermos em um mundo que cresce rapidamente e que é viciado em tecnologia? Carey Nieuwhof acredita que podemos esperar por essas doenças antes que nos atinjam e nos prepararmos para evitá-las. Se está buscando por um coaching gentil, empático à vida e sob uma perspectiva cristã, este livro certamente lhe servirá de ajuda."

— DANIEL H. PINK, autor de *Quando* e *Motivação 3.0*, best-sellers do *The New York Times*

"Um dos maiores desafios da vida cristã é permanecer em curso. As experiências que vivemos e as que acontecem ao nosso redor tentam nos tirar dos trilhos diariamente. Neste livro, Carey o ajudará a identificar algumas das maiores distrações que ameaçam afastar você de seu destino preparado por Deus e oferecerá ferramentas para você redirecionar seu foco e manter seu olhar fixo em Jesus, para que possa terminar sua corrida com fôlego."

— CHRISTINE CAINE, autora best-seller e fundadora da A21 e Propel Women

"Os líderes vão bem quando examinam a si mesmos continuamente, e, ao não fazê-lo, colocam-se no caminho do fracasso. Carey mostra aos líderes algumas áreas muito importantes a serem observadas."

— Dr. Henry Cloud, consultor de liderança e autor de
The Power of the Other

"Se não reservar momentos para se preparar para o previsível, você não estará pronto para Aquele que está vindo para você. Este é o motivo pelo qual você tem que ler este livro, que lhe oferece mais do que binóculos. Carey Nieuwhof lhe estende sua própria mão. E ele é um guia excepcionalmente perceptivo e generoso, cujos insights revigorantes e brilhantes são lentes necessárias para todos os líderes explorarem mais da coragem, da capacidade e de Cristo."

— Ann Voskamp, autora de *The Broken Way* e *One Thousand Gifts*, best-sellers do *The New York Times*

"Carey não é apenas um bom advogado; ele é um amigo sábio. Este é um guia prático para você navegar pelos mares de sua vida. Com clareza e autenticidade, Carey nos lembra que o destino geralmente não é o problema. São as distrações ao longo do caminho que nos tiram do curso."

— Bob Goff, autor de *O Amor Faz* e *Everybody, Always*, best-sellers do *The New York Times*

"A vida tem uma maneira de fazer chover lições que precisamos aprender, mas que preferimos evitar. Em seu novo livro, *Imprevisível*, Carey Nieuwhof lida abertamente com sete desafios principais da vida que todos os líderes enfrentam. Carey escreve usando um profundo insight bíblico, uma verdade direta e uma sabedoria prática para ajudar você a crescer, mesmo ao enfrentar os obstáculos da vida."

— Craig Groeschel, pastor e autor best-seller do
The New York Times

"Carey é um pensador profundo com uma voz contemporânea significativa, desenvolvida a partir de sua trajetória única de vida. Passando por momentos de idealismo e ceticismo, desilusão e esgotamento, ele trilhou um caminho que o levou por desafios enormes e inesperados até se tornar um líder de influência e ministro do evangelho. Ele inspira-se em sua vida e em seu relacionamento com Jesus Cristo com uma humildade contagiante e com uma vulnerabilidade que desarma. Carey reuniu, de forma cuidadosa e generosa, a sabedoria que acumulou ao longo do caminho, transformando-a neste livro poderoso, pessoal e altamente recomendável."

— BRIAN HOUSTON, pastor sênior global da Hillsong Church e autor de *There Is More*

"Não importa se você já alcançou um bom cargo ou está apenas começando como líder, este livro será um de seus maiores aliados em sua marcha rumo ao sucesso. Em *Imprevisível*, Carey Nieuwhof aborda sete problemas da vida que surpreendem muitos líderes. Independentemente do desafio que esteja enfrentando, do obstáculo que espera superar ou do futuro com o qual sonha ou imagina, há algo muito poderoso para você aqui."

— ANDY STANLEY, autor, comunicador e fundador da North Point Ministries

"Há um momento em que todos os líderes lutam com problemas mais profundos — da alma, do coração e da vida. Conheço Carey Nieuwhof há um longo tempo e o observei passar por esses problemas com humildade, habilidade e eficácia. *Imprevisível* é um tratamento de mestre para alguns dos maiores desafios que você enfrentará, e Carey lhe oferece a sabedoria e as estratégias para dominá-los."

— REGGIE JOINER, CEO da Orange

"Carey Nieuwhof é uma de minhas pessoas favoritas deste planeta por alguns motivos. Primeiro, ele é uma peça genuína. Segundo, ele desafia a forma como penso. Acredito que você se sentirá da mesma forma após a leitura deste livro! Poucas pessoas veem o futuro de forma tão clara quanto Carey. Ele o ajudará não apenas a ver um futuro melhor, mas também a criar um."

— MARK BATTERSON, autor de *The Circle Maker,* best-seller do *The New York Times,* e pastor principal da National Community Church

"Apertem os cintos, amigos! O que Carey Nieuwhof compartilhou nestas páginas é tudo o que você teme em segredo e exatamente o que precisa ouvir. Muitas pessoas (incluindo eu) chegaram perigosamente perto de serem mutiladas por esses sete desafios. Sua influência como líder é uma responsabilidade sagrada e exige um profundo comprometimento para liderar bem a si mesmo. Se tiver coragem o suficiente para pegar no pesado, este livro será sua tábua de salvação, à qual você precisa se segurar firme para a longa viagem!"

— JENNI CATRON, fundador do 4Sight Group

"As habilidades de comunicação são apenas a metade da batalha na liderança e na vida. Para sermos sinceros, a luta real acontece dentro de nosso coração e de nossa alma. O novo livro de Nieuwhof oferece um guia de especialista para os problemas da vida que nos levam ao sucesso ou ao fracasso, como líderes e como pessoas. Ele lida com cada problema de forma honesta e com uma precisão que perfura o coração."

— NANCY DUARTE, autor best-seller e CEO da Duarte Inc.

"Carey Nieuwhof se importa profundamente com os líderes e prova isso com este livro desafiador, porém esperançoso. Todos nós precisamos de um guia para nos ajudar a saber o que nos aguarda em nossa jornada de liderança, e Carey oferece uma perspectiva útil para qualquer líder em qualquer nível."

— BRAD LOMENICK, autor de *H3 Leadership* e *The Catalyst Leader* e ex-presidente da Catalyst

"Dizem que a juventude é desperdiçada nos jovens e a sabedoria é desperdiçada nos velhos. Mas, e se a sabedoria que vem com a idade e a experiência pudesse ser transferida para qualquer um que ainda estivesse em jornada? É exatamente isso que Carey Nieuwhof fez em *Imprevisível*. Caso esteja interessado em acelerar seu crescimento como líder e aprender a sabedoria além de sua idade, adquira um exemplar hoje mesmo."

— WILLIAM VANDERBLOEMEN, fundador e CEO do Vanderbloemen Search Group

"Carey é uma das minhas vozes favoritas de liderança da igreja. Se você quiser saber o que o futuro lhe reserva e como reagir perante ele no amanhã, leia *Imprevisível* ainda hoje."

— JOHN ORTBERG, pastor sênior da Menlo Church e autor de *I'd Like You More If You Were More Like Me*

IMPREVISÍVEL

CAREY NIEUWHOF

IMPREVISÍVEL

PREVEJA **OBSTÁCULOS**.

ALTERE **RESULTADOS**.

APRENDA A ESPERAR POR **DIFICULDADES**.

Rio de Janeiro, 2019

Imprevisível - Preveja obstáculos. Altere resultados. Aprenda a esperar por dificuldades.
Copyright © 2019 da Starlin Alta Editora e Consultoria Eireli. ISBN: 978-85-508-0768-3

Translated from original Didn't See It Coming. Copyright © 2018 by Carey Nieuwhof. All rights reserved. ISBN 978-0-7352-9133-1. This translation is published and sold by permission of WaterBrook, the owner of all rights to publish and sell the same. PORTUGUESE language edition published by Starlin Alta Editora e Consultoria Eireli, Copyright © 2019 by Starlin Alta Editora e Consultoria Eireli.

Todos os direitos estão reservados e protegidos por Lei. Nenhuma parte deste livro, sem autorização prévia por escrito da editora, poderá ser reproduzida ou transmitida. A violação dos Direitos Autorais é crime estabelecido na Lei nº 9.610/98 e com punição de acordo com o artigo 184 do Código Penal.

A editora não se responsabiliza pelo conteúdo da obra, formulada exclusivamente pelo(s) autor(es).

Marcas Registradas: Todos os termos mencionados e reconhecidos como Marca Registrada e/ou Comercial são de responsabilidade de seus proprietários. A editora informa não estar associada a nenhum produto e/ou fornecedor apresentado no livro.

Impresso no Brasil — 2019 — Edição revisada conforme o Acordo Ortográfico da Língua Portuguesa de 2009.

Publique seu livro com a Alta Books. Para mais informações envie um e-mail para autoria@altabooks.com.br

Obra disponível para venda corporativa e/ou personalizada. Para mais informações, fale com projetos@altabooks.com.br

Produção Editorial	**Produtor Editorial**	**Marketing Editorial**	**Vendas Atacado e Varejo**	**Ouvidoria**
Editora Alta Books	Juliana de Oliveira	marketing@altabooks.com.br	Daniele Fonseca	ouvidoria@altabooks.com.br
Gerência Editorial		**Editor de Aquisição**	Viviane Paiva	
Anderson Vieira		José Rugeri	comercial@altabooks.com.br	
		j.rugeri@altabooks.com.br		
Equipe Editorial	Adriano Barros	Illysabelle Trajano	Leandro Lacerda	Raquel Porto
	Bianca Teodoro	Keyciane Botelho	Livia Carvalho	Thales Silva
	Carolinne Oliveira	Larissa Lima	Maria de Lourdes Borges	Thauan Gomes
	Ian Verçosa	Laryssa Gomes	Paulo Gomes	Thiê Alves
Tradução	**Copidesque**	**Revisão Gramatical**	**Diagramação**	**Capa**
Alberto Gassul	Alessandro Thomé	Flávio Barbosa	Lucia Quaresma	Thauan Gomes
		Thaís Pol		

Erratas e arquivos de apoio: No site da editora relatamos, com a devida correção, qualquer erro encontrado em nossos livros, bem como disponibilizamos arquivos de apoio se aplicáveis à obra em questão.

Acesse o site www.altabooks.com.br e procure pelo título do livro desejado para ter acesso às erratas, aos arquivos de apoio e/ou a outros conteúdos aplicáveis à obra.

Suporte Técnico: A obra é comercializada na forma em que está, sem direito a suporte técnico ou orientação pessoal/exclusiva ao leitor.

A editora não se responsabiliza pela manutenção, atualização e idioma dos sites referidos pelos autores nesta obra.

Dados Internacionais de Catalogação na Publicação (CIP) de acordo com ISBD

N682i	Nieuwhof, Carey
	Imprevisível: Preveja obstáculos. Altere resultados. Aprenda a esperar por dificuldades. / Carey Nieuwhof ; traduzido por Alberto Gassul Streicher. - Rio de Janeiro : Alta Books, 2019. 224p. ; 14cm x 21cm.
	Tradução de: Didn't See It Coming ISBN: 978-85-508-0768-3
	1. Autoajuda. 2. Crescimento pessoal. I. Streicher, Alberto Gassul. II. Título.
2019-1714	CDD 158.7 CDU 159.947

Elaborado por Odilio Hilário Moreira Junior - CRB-8/9949

Rua Viúva Cláudio, 291 — Bairro Industrial do Jacaré
CEP: 20970-031 — Rio de Janeiro - RJ
Tels.: (21) 3278-8069 / 3278-8419
www.altabooks.com.br — altabooks@altabooks.com.br
www.facebook.com/altabooks

Para minha esposa, Toni.

Eu sabia que havia algo maravilhoso em você desde a primeira vez que a vi. Eu apenas não fazia ideia de que poderia ser tão profundo e rico como tem sido há tanto tempo. Isso sem mencionar toda nossa diversão. E pensar que estamos apenas começando.

E para meus pais, Marten e Marja.

Seu constante encorajamento, apoio, fé e amor nunca deixaram de me motivar e me inspirar. Vocês sempre me mostram o caminho à esperança e a Jesus.

Sumário

Introdução: Surpresa 1

Parte I: Ceticismo
1. Mostre-me um Advogado Feliz
   Como o Ceticismo Acaba com a Esperança 9
2. Acertando o Ceticismo Nos Dentes
   Maneiras Práticas de Derrotar Seu Cético Interior 23

Parte II: Concessão
3. Bem-sucedido (Por Fora)
   Por que o Caráter Determina Sua Real Capacidade 33
4. Retirando Sua Alma do Mercado
   Maneiras Práticas de Aprofundar Seu Caráter 49

Parte III: Desconexão
5. Tem Alguém Aí?
   Por que Nos Sentimos Tão Sós 63
6. Livrar-se do Seu Telefone Não Vai Adiantar
   A Necessidade de Resolver o Problema Humano 75

Parte IV: Irrelevância
7. A Mudança Nunca Pede Permissão
   O Rastejar Silente da Irrelevância 87

8. Almejando o Diferente
   A Forma Permanente (e Radical) com que a Mudança nos Mantém no Jogo *95*

Parte V: Orgulho

9. Não São Apenas os Narcisistas
   Como o Orgulho Atinge Até os Melhores entre Nós *111*
10. Hábitos dos Humildes
    Somente a Humildade Vai Tirá-lo de Onde o Orgulho Te Levou *127*

Parte VI: Esgotamento

11. É Como Cair de um Precipício
    Como Saber Quando Você Está se Esgotando *141*
12. Seu Novo Normal
    Descobrindo Como Viver o Hoje para que Você Prospere no Amanhã *155*

Parte VII: Vazio

13. Quando Todos os Seus Sonhos Se Realizam
    Por que o Dinheiro, o Poder e o Sucesso Deixam Você Se Sentindo Vazio *171*
14. Venha a Mim o Meu Reino?
    Superar a Si Mesmo Não É tão Assustador Quanto Você Pensa *187*

Conclusão: Calvino Encontra-se Com Hobbes 195

Agradecimentos. 201

Notas 205

Introdução

SURPRESA

Ninguém, em seus 20 anos de idade, determina que quer acabar sentindo-se vazio ou cético. Pelo menos eu não fiz isso. Não conheço nenhum graduando universitário que queira se tornar irrelevante e moralmente comprometido antes de seu 40º aniversário. Não consigo imaginar homens e mulheres em qualquer idade que queiram que seus relacionamentos pessoais desabem sob o peso do orgulho ou pela falta de uma inteligência emocional básica.

Contudo, cada uma dessas coisas acontece todos os dias com pessoas que conhecemos. Pessoas com as quais nos importamos. Pessoas que amamos. Na verdade, isso pode ser seu caso neste momento, embora você não tenha a mínima noção. Porque é exatamente assim que acontece.

As implosões geralmente nos pegam de surpresa. Foi assim comigo. E testemunhei problemas inesperados, que analisaremos neste livro, acabarem com muitas pessoas boas.

Elas simplesmente não esperavam por eles.

Elas não esperavam ver a beira do esgotamento quando se depararam com ela.

Elas não esperavam ver seus casamentos tornarem-se cada vez mais distantes e desesperadamente desconectados.

Elas não esperavam pelas concessões que fizeram no trabalho, até que cruzaram a linha e já não podiam mais voltar atrás.

Elas não esperavam que seu estilo e insight, outrora inovadores, se tornassem estagnados de uma forma insuportável.

Elas não imaginavam o vazio que sentiriam após terem todos os seus sonhos realizados.

Elas simplesmente não esperavam por isso. Poucas pessoas esperam.

A pergunta que quero abordar neste livro é: será que elas poderiam esperar por essas coisas? Será que você pode esperar por elas?

Mostre-me um Sinal

Vamos fazer algumas perguntas difíceis e pessoais: há sinais? Você terá que ser pego de surpresa constantemente? Há indícios ao longo do caminho que você pode detectar para poupar-se do sofrimento, da perda e da dor?

Caso esteja prestes a passar por uma época de desafios, há alguma maneira de saber que está indo na direção errada antes que seja tarde demais? Há sinais que você pode observar e que o ajudarão a evitar os problemas nos quais tantas pessoas bem-intencionadas tropeçam? É possível saber se é o candidato número um para ser a Pessoa Mais Cética do Planeta? Há indícios de que será o líder quarentão que ninguém mais dá ouvidos? Há sinais de que você está no caminho para tornar-se incrivelmente bem-sucedido, mas desesperadamente vazio?

A forma pela qual a maioria das pessoas chega a esses lugares indesejados é simples: elas não percebem os sinais de aviso. Elas não esperam por nada disso. A boa notícia é que você *pode* esperar por eles. Esta obra é destinada às pessoas que querem ver os sinais indicadores de grandes desafios à frente, antes que seja tarde demais.

Logo que comecei a compartilhar em conferências algumas das ideias que se tornaram este livro, pensei que estava me dirigindo a pessoas com 40 anos ou mais. A primeira vez que fiz uma apresentação sobre ceticismo, perante mil líderes em Atlanta, disse à plateia que qualquer um que tivesse de 20 a 30 anos de idade precisaria apenas guardar aquelas informações para usarem no futuro. Não é preciso dizer que fiquei chocado (e entristecido) quando, após minha apresentação, uma fila enorme de pessoas com seus 20 e poucos anos, muitas das quais com lágrimas em seus olhos, me disse que essa já era sua história. Aquilo partiu meu coração e me fez perceber que muitas das coisas que agora estão neste livro tornaram-se a epidemia da nossa era.

Dessa forma, comecei a repensar a essência de minha mensagem. Agora, acredito que os sinais que exploramos neste livro existam para todos nós, independentemente de em qual jornada possamos estar. Esses sinais de aviso, caso sejam reconhecidos e considerados, são presentes de Deus para nos poupar da tristeza autoinfligida e do desgosto que caracterizam tantas vidas atualmente.

Alguns capítulos podem parecer uma narrativa de sua vida. Por mais aterrorizante que isso seja, oro para que sejam uma esperança para você. Quero ser um amigo que chega à sua casa e resplandece a luz na escuridão, que o direciona a um caminho de realização e significado, que o ajuda a antecipar as tormentas por vir e oferece estratégias para resistir a elas. Mesmo se a crise ainda não estiver em sua potência total, os passos aqui apresentados lhe pouparão sofrimentos e problemas significativos.

E SE VOCÊ NÃO FOR DO TIPO RELIGIOSO?

Não levará muito tempo para perceber que esta obra foi escrita a partir de uma perspectiva cristã. Há um bom motivo para isso: sou pastor, e, ainda mais importante, faço meu melhor para viver de acordo com os ensinamentos de Jesus. Através de muitos altos e baixos em minha própria vida, fui convencido de que Ele oferece a resposta mais completa para nossos anseios, e de que Ele é a esperança para este mundo. Você pode concordar ou não, mas me escute. Há mais ajuda aqui do que imagina, não importa seu posicionamento em termos de espiritualidade.

Antes de me tornar pastor, trabalhei como advogado (falarei mais sobre isso), então o fato é que não vivi em uma bolha religiosa minha vida toda. Caso você não se considere uma pessoa religiosa, fico feliz que esteja lendo isto. Caso se considere *espiritual*, mas não especificamente cristão, fico feliz que esteja lendo isto. O que observei durante o curto tempo como advogado me proporcionou um afeto permanente por pessoas que não são de nenhuma igreja, ou cristãs, mesmo aquelas que se consideram ateias.

Na verdade, como pastor, passei mais de duas décadas buscando desenvolver uma igreja onde mesmo as pessoas que não vão à igreja amem frequentar. Ao longo dos anos, tive o privilégio de ver milhares de pessoas que nunca pensavam que acabariam na igreja estarem lá. E para a maior surpresa delas, muitas gostaram disso. Muitas delas até descobriram um relacionamento com Jesus.

Espero que este livro seja uma extensão daquele sentimento. Talvez um amigo tenha lhe presenteado com o exemplar ou você tenha ouvido alguém mencioná-lo e então adquiriu uma cópia. Tudo que posso dizer é: bem-vindo. Estou muito feliz por você estar aqui.

Acredito que você descobrirá que todos nós lutamos com os mesmos problemas, porque, bem, somos humanos. Os cristãos podem se tornar céticos, assim como as pessoas que não se consideram cristãs.

Tentei encontrar um tom neste livro que toque aqueles que são incrédulos quanto ao cristianismo e aqueles que seguem a Jesus de forma apaixonada. Sendo assim, esta obra pode não parecer tão cristã para aqueles que são cristãos, e cristã demais para aqueles que não o são. Se isso acontecer, atingi meu objetivo.

Espero que sua descoberta seja um recurso profundamente bíblico em seus ensinamentos sem parecer um sermão, profundamente cristão em sua estrutura, embora ainda seja imensamente prático e real. O cristianismo autêntico é exatamente assim. Dessa forma, você encontrará alguns capítulos que têm um pouco da Bíblia e outros que têm menos. De qualquer modo, espero que esta leitura o ajude a mergulhar no sentido da vida em seu nível mais profundo. Em vez de levá-lo para longe de um diálogo com Deus, espero que inicie um.

Um Pouco de Esperança

Independentemente de como se sinta ao término da leitura, oro para que ela o deixe em uma posição em que perceba que há um Deus e alguns amigos que não desistiram de você. Espero que fique seguro de que tem pessoas que acreditam em você, mesmo que tenha desistido delas. Pois é isso o que acontece com frequência quando se encontra nas situações descritas neste livro. Você para de acreditar. E é necessário reconhecer que há pessoas que sabem o tipo de pessoa que você realmente é e que, mesmo assim, decidem ficar. Sim, elas o conhecem e o amam de qualquer forma.

Se qualquer uma dessas coisas acontecer, apenas saiba que elas apontam para uma realidade maior: há um Deus que acredita em você e que enviou Seu Filho, não apenas para morrer, mas também para viver de modo que você possa experimentar a vida real. Esta é minha esperança para esta obra: que ele lhe aponte o caminho para a vida, algo que muitos deixam escapar. As Escrituras narram uma forma de sabedoria, um caminho que Deus estabeleceu para nós, que já deixei passar, assim como já o trilhei. Mas se fizer boas anotações e prestar atenção em como Deus opera e como a vida funciona, poderá encontrar um caminho melhor.

O ceticismo, as concessões, a desconexão, a irrelevância, o orgulho, o esgotamento e o vazio — nada disso precisa ser sua história final. Você pode aprender a esperar por essas coisas. Pode identificá-las quando chegarem. E quando as definir, quando as vir, elas perderão um pouco de sua sedução e de seu poder.

Se você souber esperar os sete grandes desafios, poderá acabar vivendo a vida que sempre quis viver, algo que escapa de muitos.

Parte I

CETICISMO

1

MOSTRE-ME UM ADVOGADO FELIZ

Como o Ceticismo Acaba com a Esperança

Você nunca achou que seria cético um dia, não é? Creio que você não saía escrevendo no anuário do ensino médio algo como "Espero ficar saturado e desconfiar totalmente da humanidade quando fizer 40 anos. Também torço para que meu ceticismo prejudique minha família e que faça com que seja impossível trabalhar comigo. *Bora ganhar, Timão!*"

Caso você tivesse mesmo escrito isso durante o ensino médio, alguém certamente teria insistido para que você falasse com um psicólogo... imediatamente. Mas não era isso o que tinha em mente. Você era otimista, até esperançoso. Ao sair da casa da mamãe e do papai, aos 20 anos, você era totalmente *idealista*. Sabia como tornar o mundo um lugar melhor, e sua intenção era fazê-lo.

Comigo foi assim também. Na minha juventude, quando estudava Direito e trabalhava no centro de Toronto, meu otimismo em consertar o mundo brotava como se fosse suor. Queria trabalhar com Direito Constitucional e defender meu primeiro caso perante a Suprema Corte do

Canadá antes de meu trigésimo aniversário. Cheguei até a descobrir que uma pessoa portadora de uma atitude positiva e de uma ética saudável de trabalho conseguiria fazer a diferença em um escritório de advocacia do centro da cidade. Estava recém-casado e, na metade do primeiro ano da faculdade de Direito, chegou minha vez de ser pai. Queria ser bem-sucedido, mas *sem* ter que trabalhar servilmente por longas horas, como era a fama de todos os jovens advogados, trabalhando durante todas as noites e quase todos os finais de semana. Alguns escritórios no centro comercial da cidade chegaram a providenciar camas dobráveis e contrataram chefs, de modo que os funcionários não tivessem que ir para casa ou sair do escritório. Não queria aquilo para mim.

Então dei duro. Chegava no escritório às 7h, trabalhava sem parar até o almoço e dava um jeito de sair de fininho às 17h, quando ninguém estava olhando, para que pudesse chegar em casa e ver minha esposa, Toni, e meu filho recém-nascido. Ao longo do dia, me concentrava em ser o mais produtivo possível e em oferecer resultados que nossos clientes (e meus chefes) adorariam.

Por incrível que pareça, obtive sucesso. Meu idealismo destruiu algumas barreiras rapidamente. Não apenas consegui evitar ter que trabalhar naquele ritmo impossível que os advogados geralmente impõem, mas também consegui fazer com que o escritório ganhasse dinheiro, de fato — algo inesperado, vindo de estagiários. Os sócios chegaram a me oferecer uma vaga efetiva após o término do estágio de um ano.

Só que percebi que aquele meu idealismo de advogado em ascensão passou a ser inibido por algo que vi ao meu redor: estava rodeado por advogados que não eram felizes. Deveras, muitos que nem tinham chegado aos 40 anos de idade encontravam-se totalmente desolados. Recordo-me de uma sexta-feira em particular, quando um advogado lá com seus 30 e poucos anos chegou ao escritório abanando um bilhete de loteria. "Estão vendo este bilhete?", perguntou. "Se levar essa bolada, nunca mais verão a minha cara."

O estranho dessa história é que ele era o dono do escritório (e tinha um supersalário, se me permitem contar). Nunca será um bom sinal quando o dono de um próspero escritório de advocacia compra um bilhete de loteria esperando encher o bolso e deixar tudo para trás.

Costumava dizer a meus colegas da faculdade de Direito: "Se conseguir encontrar um advogado feliz nesta cidade, pago US$1 milhão". Sabia que era uma aposta segura, já que nenhum de nós conseguia encontrar um.

UMA NEGATIVIDADE INQUIETANTE

Como as pessoas que aparentemente têm tudo acabam indiferentes e desiludidas de modo tão rápido? Escritórios localizados em prédios elegantes, carros de luxo, ternos sob medida e almoços caros, justapostos com a insatisfação crônica, é algo que ainda me surpreende. Porém, não deveria.

Jesus nos disse que era muito possível, até *provável*, que conseguiríamos ganhar o mundo e perder nossa alma.[1] Entendo isso. Mas, pelos caminhos do sucesso, vi muito mais do que um deficit de felicidade nas pessoas ao meu redor. Vi uma condição muito mais profunda e penetrante: o ceticismo. Com frequência me perguntava como era possível ir do idealismo ao ceticismo em apenas alguns poucos anos.

É uma pergunta perturbadora, e, ao longo dos anos, continuei me questionando. É possível que você já tenha visto algo assim acontecer ao seu redor também...

- Sua amiga que teve tantas decepções amorosas e agora acredita que nenhum homem presta.
- Seu colega de quarto da faculdade, otimista, que começou a fazer investimentos bancários e está convencido de que é cada um por si, atitude que ele toma agora.
- Seu cunhado policial que viu tantas coisas, tantas vezes, que acha que não há nada de bom nas pessoas.
- Até seu colega de equipe no trabalho, que critica todas as ideias que você oferece, listando, no mesmo momento, as muitas razões pelas quais sua estratégia está fadada ao fracasso.

As pessoas ao seu redor podem ser depressivas. No entanto, quase tão perturbador quanto o que está ao nosso *redor* é o que sentimos *dentro* de nós. O ceticismo não é apenas algo que as outras pessoas sentem; é algo que você percebe crescer dentro de si. Pode até haver uma variação quanto ao período, dependendo de sua experiência de vida, mas eis o que as pessoas descobrem: o otimismo de sua adolescência e juventude abre espaço para o realismo dos 30 anos de idade. Ao fazer 30, muitos dos seus amigos que estavam apaixonados estão agora separados; muitos dos colegas de trabalho tão entusiastas agora odeiam a profissão; e muitas amizades sólidas acabaram se dissolvendo.

Sendo assim, aonde este realismo dos 30 anos de idade nos leva? Depende. Se não for controlado, pode nos levar ao abismo do ceticismo.

CRATERA À FRENTE

Lembro-me da primeira vez em que percebi o ceticismo crescendo dentro de mim. Estava com 30 e poucos anos. Paradoxalmente, foi em meu ministério pastoral, e não como advogado, que senti o ceticismo fincar raízes em meu coração. Estava no meio do curso de Direito e senti o chamado de Deus para que, de alguma forma, me dedicasse ao ministério em tempo integral. Cresci em um lar cristão e, após ter me desviado durante o final de minha adolescência, entreguei meus caminhos a Cristo novamente com 20 e poucos anos. Porém, apesar de meu cristianismo renovado, o Direito era meu foco principal. Nunca passou pela minha cabeça largar a advocacia com o objetivo de ser ministro congregacional ou pregador. Mas esta é a maravilha de receber o chamado para fazer algo: somos levados a uma nova direção ou a uma aventura inesperada.

Após sentir que Deus me chamava para o ministério, foram necessários alguns anos para que eu descobrisse o que isso significava exatamente. Durante esse tempo, concluí a faculdade de Direito e terminei o exaustivo curso para a admissão na Ordem. Após ser aprovado e ganhar minha licença para advogar, choquei a todos (incluindo a mim mesmo) ao informar que estava indo ao seminário, por pura obediência.

Confuso a respeito de qual seria o próximo passo, decidi experimentar o ministério congregacional pela primeira vez quando estava na metade do período no seminário. Minha esposa, meu filho pequeno e eu nos mudamos para uma comunidade rural, Oro-Medonte, uma hora ao norte de Toronto, onde comecei meu ministério na comunidade na qual vivo até hoje. Minha missão era servir três igrejinhas que não contrataram um pastor em tempo integral ou que não tiveram qualquer crescimento nos últimos 40 anos. Eles me chamavam de "pastor estudante". Isso não significava que eu servia aos estudantes, mas que servia às igrejas como pastor sênior enquanto ainda estudava. Também significava que recebia a metade do salário de um ministro "de verdade". Contudo, era um chamado para mim.

As igrejas eram minúsculas. Uma delas tinha uma frequência média de apenas seis pessoas nos domingos pela manhã. Isso incluindo as moscas e mosquitos do local. Quando minha esposa, meu filho e eu chegamos, conseguimos fazer com que a igreja crescesse 50% da noite para o dia. Foi sensacional. A segunda das três igrejas tinha 14 frequentadores, quase todos os domingos. E a "megaigreja" daquelas três congregações tinha uma frequência média de 23 pessoas.

Naturalmente, quando estamos em congregações tão pequenas assim, o ministério fica inerentemente relacional. Você passa a visitar as pessoas e investir nelas, ao mesmo tempo em que tenta uni-las em torno de uma visão maior e de uma estratégia melhor que levará a missão adiante. Mesmo quando nossas igrejas passaram a ter centenas de membros, dei meu melhor para continuar conectado relacionalmente. Na primeira década de ministério, visitava a casa das pessoas quase todos os dias. Era tremendamente emocionante ver que cada vez mais pessoas apareciam.

Ainda me lembro da primeira vez em que um casal, que chamarei de Roger e Mary, apareceu na porta da igreja certo domingo pela manhã. Logo percebi que eles tinham necessidades muito reais. Não tinham muito dinheiro. O carro popular que possuíam quebrava frequentemente. Parecia que saíam de uma crise apenas para entrar em outra, em todas as áreas de suas vidas: financeira, relacional, emocional e espiritual.

Mesmo que naquele momento estivesse ocupado na liderança de centenas de pessoas, decidi que os ajudaria de todas as formas possíveis. Ainda que nossa igreja tivesse um orçamento apertado, conseguimos comprar uma cesta de alimentos e vales-compras para Roger e Mary. Demos dinheiro para a gasolina e ajeitamos o carro para que não quebrasse no meio da estrada. Regularmente visitava-os em seu apartamento, localizado na ponta sul da cidade (20 minutos para ir e 20 para voltar), para orar com eles, encorajá-los e ajudá-los o máximo que podia.

Roger e Mary continuaram pedindo mais ajuda. Começaram a me telefonar com mais frequência, e, não raro, me dirigia até a casa deles durante a noite para ajudá-los a administrar a crise que enfrentavam, independentemente de qual fosse. Derramei meu coração e minha alma em preces pela família deles e tentei auxiliá-los de todas as maneiras possíveis. Não será exagero dizer que passei mais tempo com eles do que com qualquer outra família em todos os meus 10 anos de liderança.

Ao mesmo tempo, as igrejinhas cresciam rapidamente. Cada vez mais pessoas apareciam, o que significava que ficava mais difícil visitar todo mundo com a mesma frequência anterior. Havia gente demais. E mesmo com o crescimento das igrejas, Roger e Mary exigiam minha atenção pessoal. Eram pobres, e eu sabia que Deus nos pede para darmos uma atenção especial aos pobres. Em meio a isso tudo, notei uma ingratidão e certa carência crescentes no casal. Por vezes, ajudá-los parecia ser tapar o sol com a peneira, mas estava determinado a servir e demonstrar a graça divina.

Não muito tempo depois, Roger e Mary passaram a levar sua sobrinha de dois anos de idade à igreja com eles. Ela era uma menina linda, mas disciplina não era a principal característica da família. A sobrinha deles ficou um tempão correndo para cima e para baixo pelos corredores durante o culto, irritando alguns membros mais velhos.

O assunto foi mencionado em uma das comissões dos anciãos. Alguns membros insistiram que devíamos fazer algo a respeito daquela criança que estava atrapalhando as reuniões. Defendi a família de Roger e Mary, dizendo à comissão que preferiria ter uma igreja cheia de crianças indisciplinadas do que cheia de pessoas mais velhas bem-comportadas. Felizmente, isso resolveu a questão. E disse a Roger e Mary que aquilo não seria mais um problema.

Mesmo com esse conflito resolvido, o casal parecia ficar cada vez menos à vontade à medida que a igreja continuava a crescer. Finalmente, certo domingo pela manhã, Roger pegou sua sobrinha pelo braço e retirou-se da igreja, avisando: "Este lugar não serve mais para nós. Vocês não se importam conosco. Estamos indo embora!"

Fiquei chocado. Obviamente, fui atrás dele e perguntei que raio havia acontecido.

"Vocês não fizeram o suficiente por nós", ele argumentou.

Eu não tinha ideia do que dizer. *Como assim? Não fizemos o suficiente? Você está de brincadeira?*

Os comentários dele partiram meu coração pastoral, que era pequeno, mas estava em fase de crescimento.

"Roger," exclamei, "você está partindo meu coração. Não estaria exagerando ao lhe dizer que, durante meu tempo de liderança, nunca passei tanto tempo individual com ninguém quanto tenho passado com você e sua família. E não apenas eu. Esta comunidade tem se sacrificado para o ajudar vez após vez."

Minhas palavras não fizeram diferença alguma. Ele continuou com o discurso de que nossos esforços não eram suficientes e que, na verdade, nós — *eu* — não nos importávamos com eles. Disse ainda que nossa igreja o decepcionou, que abandonamos sua família quando mais precisavam.

Eu não sabia o que fazer para melhorar a situação. Eles não queriam ser ajudados. Por fim, abandonaram a igreja de vez.

O Primeiro Passo Rumo ao Ceticismo

Estava chocado. Bravo. E com o coração partido. Honestamente, não sabia como classificar aquela situação.

Foi naquele momento que senti o ceticismo brotar em meu ser. Parecia uma voz dentro de mim que dizia, *Inútil. Todo seu esforço foi um desperdício total de tempo e energia. E quer saber? Se ele fez isso com você, outros também farão. Então não se importe tanto. Não invista nas pessoas como costumava fazer. Não se doe tanto. As pessoas apenas usarão você e o rejeitarão no final. Não há sentido.*

Na época, nunca havia ouvido falar de escritores tais como John Townsend ou Henry Cloud, que ajudaram inúmeras pessoas a entender o significado de limites. Muito menos tinha a habilidade de identificar possíveis doenças mentais. Tentei ajudar genuinamente e, no fim, acabei genuinamente machucado.

Eis o começo do ceticismo.

O ceticismo não começa porque você *não* se importa, mas porque *se importa*.

Ele começa porque você se doou de corpo e alma a algo pelo qual não recebeu quase nada em troca. Ou, talvez, tenha recebido algo em troca, mas foi o oposto do que desejava. Você se apaixonou, apenas para ver o término do relacionamento. Você se dedicou de coração ao trabalho, apenas para ser informado de sua demissão. Você se dedicou integralmente à sua mãe, apenas para ouvir ela lhe dizer que você é uma decepção total.

E você não consegue parar de pensar, *O que aconteceu?*

A maioria dos céticos era otimista antes. Agora é impossível dizer isso, mas houve um tempo em que eles eram esperançosos, entusiastas e até animados. Há algo no mais profundo do espírito humano que deseja ter esperança, que quer acreditar que as coisas melhorarão. Quase todo mundo começa a vida com um olhar otimista.

E então, o que acontece? Como ocorre essa transição de sermos tão positivos para sermos tão negativos?

Pelo menos três coisas acontecem no coração humano à medida que ele começa a ficar cético.

1. *Você Sabe Demais*

Você acha que o conhecimento é sempre algo bom. Porém, estranhamente, o conhecimento costuma entristecer você. Salomão, sobre quem vamos falar novamente mais adiante, ficou conhecido mundialmente por sua sabedoria. Ele disse o seguinte: "Quem aumenta seus conhecimentos só aumenta sua tristeza".[2] Talvez não seja a frase mais motivacional que você já viu. Parece até que essa parte da Bíblia foi escrita pelo Bisonho da turma do ursinho Puff. Embora esse verso possa ser um post terrível na mídia social, o insight que ele proporciona é muito útil.

De certa forma, a ignorância é uma benção. Caso eu nunca soubesse que algumas pessoas, como Roger e Mary, acabariam ficando decepcionadas, mesmo após um investimento enorme feito por uma comunidade de pessoas, teria sido fácil — até mesmo automático — continuar investindo nas pessoas. Mas como fiquei machucado, notei que, ao longo dos meses e anos que transcorreram, comecei a ver as pessoas necessitadas com mais suspeição. Será que elas me tratariam da mesma forma? Será que simplesmente iriam embora também?

O fato é que pode ser bem capaz que você tenha um Roger e uma Mary em sua vida. Talvez quatro. Ou ainda seis. Assim, é mais difícil confiar, pois você sabe demais. Caso seu coração não tivesse sido partido uma dezena de vezes por pessoas diferentes, você acharia fácil continuar namorando. Caso seu sócio não o tivesse traído e esvaziado o caixa da empresa, talvez você ainda fosse um empreendedor. Caso seus vizinhos não fossem tão chatos, talvez você nunca tivesse o desejo de construir aquele muro.

Porém, agora você sabe demais. Experimentou o coração partido, as traições e as facadas pelas costas. Você compreende que as pessoas o deixam na mão. Já viu que não pode confiar em algumas pessoas. Descobriu que o amor machuca. Percebe que as pessoas são instáveis e egoístas. Você reconhece que nem todos são bem-sucedidos, apesar das boas intenções e dos grandes esforços. Quanto mais você vive, mais sabe. E é por isso que o ceticismo e a idade geralmente são companheiros.

Por que Salomão diria que mais conhecimento e mais desgosto estão relacionados? Porque é assim que a vida funciona. O conhecimento geralmente nos traz desgosto porque, quanto mais se sabe, mas se vê a vida como ela *realmente* é.

Não é minha intenção deixar você deprimido, mas sejamos honestos: a vida não é fácil; é uma luta, cheia de decepções e reveses. Preste atenção ao seu redor pelo tempo suficiente e verá sofrimento por todo lado. Verá a falibilidade e a fragilidade. Verá tramas e manipulações. Você reconhecerá os poderosos "joguinhos" e as buscas egoístas que compõem muito da existência humana.

Realmente, quanto mais bem-sucedido se tornar, maiores serão as dores que provavelmente experimentará. É só perguntar aos advogados em Toronto ou à maioria das pessoas bem-sucedidas. É só perguntar a Salomão. O livro de Eclesiastes é um guia do cético para o universo. Há um vazio torturante que acompanha o sucesso. E há uma tristeza desesperadora que nos segue quando construímos nossa vida com pessoas falhas.

Não se preocupe. A esperança está a caminho. Mas fique por aqui mais um pouquinho para entender por que tantos céticos lutam com a vida. O conhecimento realmente traz desgosto. Você enxerga a vida da forma que ela realmente é, e ela é... incompleta.

2. Você Projeta o Passado no Futuro

O ceticismo começa a ganhar corpo quando você passa a se proteger dos perigos do futuro. Como já se machucou uma ou duas vezes, você se convence de que apenas os tolos se machucam três vezes. Assim, começa a proteger seu coração. Você refugia sua alma.

No entanto, o que começa como autopreservação logo se transforma em algo mais insidioso. Você começa a ficar um pouco indiferente. Agora está um pouco mais sábio, é o que diz a si mesmo, mas analise com mais cuidado e verá uma realidade diferente. Não é sabedoria que você tem, mas dor e medo construindo seus casulos em torno de seu coração.

Com efeito, como você é perspicaz, começa a procurar padrões. E, para seu espanto, os encontra. Muitas são as pessoas nas quais não podemos confiar. Talvez a resposta não seja começar em outra empresa, porque ninguém parece ser feliz lá também. E você percebe que a dor e a decepção permeiam o casamento de vários de seus amigos tão profundamente quanto permeiam o seu.

Com a idade e a experiência, você se torna craque em encontrar padrões. Começa a fazer o que os céticos fazem por instinto: projetar as falhas do passado em novas situações. Ao conhecer um casal novo, suspeita que eles vão querer tirar vantagem de você, como Roger e Mary fizeram. Será melhor não se aproximar. Ao ter um chefe novo, presume que ele provavelmente será tão injusto e arrogante quanto seu último chefe. Transferem um cara para sua equipe no trabalho, e você tem certeza de que é uma questão de tempo até que ele ferre com você. Seu primo se casa, e você fica imaginado quanto tempo levará até que os recém-casados enfrentem sérios problemas.

Você não vê mais as pessoas pelo que elas são. Não vê mais as situações pelo que elas poderiam ser. Tudo que vê é a dor em potencial. A dor do passado será a dor futura, se assim permitir. Então você não permite.

Minha realidade era assim. Porque não eram apenas Roger e Mary que me causavam dor. Haviam outras pessoas, incluindo amigos. Na verdade, o que deu estímulo à minha fase mais cética da vida (quando tinha 30 anos) foi uma série de eventos que aconteceram muito aproximadamente, em questão de alguns anos.

Roger e Mary não foram os únicos que partiram. À medida que implementávamos um conjunto radical de mudanças nas igrejas, mais pessoas foram embora. Homens e mulheres que eu pensava que ficariam ao nosso lado para sempre, na verdade, não ficaram. Mesmo com nossas igrejas aumentando o número de membros mais rapidamente do que os perdíamos, a decepção que senti não foi superada.

Durante os primeiros anos de nosso ministério, algumas amizades próximas também foram para o espaço. Eram o tipo de amigos com quem você faz praticamente tudo: vai a shows, a jantares, passa as férias. Eu era o pastor deles e eles frequentavam nossa igreja, mas ainda tínhamos uma amizade incrível. Contudo, por algum motivo estranho, dentro de um ano esses amigos pararam de ir à nossa igreja e não demorou muito para que interrompessem nossa amizade também.

Aquilo doeu. Profundamente. E ainda fico um pouco confuso ao tentar entender como tudo veio abaixo. As tentativas para consertar as coisas não deram certo. Sei que tive parte naquela situação dolorosa, mas parece que tudo é um tanto misterioso e obscuro. E isso me levou a decidir (por certo tempo) a trilhar o caminho que todos os céticos trilham.

Tenho certeza de que você consegue se identificar porque algo similar aconteceu com você. Com o tempo, a desconfiança o deixa cansado. Sua guarda e suspeição constantes transformam-se em raiva e rancor.

3. Você Decide Parar de Confiar, de Ter Esperança e de Acreditar

Após o dissolvimento de todas aquelas amizades, eu disse a Toni: "Não preciso de amigos. Sério. É furada ter amigos. Estou bem sozinho." Tonto, eu sei. Mas era minha dor falando. Naquela época isso fazia total sentido. De fato, era muito mais seguro seguir esse caminho do que correr os riscos advindos de uma nova amizade. Raramente é a primeira rodada de angústia que quebra seu coração permanentemente. No meu caso, já tinha perdido alguns amigos ao longo dos anos e, de vez em quando, me perguntava se valia a pena mesmo toda a preocupação com as pessoas. Algumas vezes até cheguei a pensar que tinha um bug fatal incorporado à minha personalidade, e que esse bug destruía amizades.

O problema com a generalização — aplicar uma situação particular a *todas* as situações — é que a morte da confiança, da esperança e da crença é como um vírus que infecta tudo. Você acha que está protegendo a si mesmo do futuro, quando, na realidade, sua nova postura infecta seu presente. Aquelas pessoas que você mais leva em consideração no aqui e agora sofrem. E isso ocorre porque você, sendo um cético, projeta sua suspeição recém-descoberta sobre tudo e todos. Seus relacionamentos atuais começam a morrer ou perdem a intensidade. A retirada não se dá apenas do futuro; você se retira também do presente.

Desta forma, você fica insensível às pessoas que diz amar acima de tudo, até mesmo ao seu cônjuge e filhos. Você se pega prevendo términos céticos para aqueles momentos que costumavam ser repletos de alegria. Talvez fique indiferente no trabalho também. Você não tem a mínima vontade de conhecer o cara novo, porque, bem, já sabe como ele é. E os projetos e objetivos que costumavam motivá-lo? Perderam o brilho.

Talvez o que seja mais perturbador é que o ceticismo começa a infectar seu relacionamento com Deus. Ao fechar seu coração para as pessoas, você o fecha para Deus. Isso não deveria nos surpreender, mas nos surpreende. Só faz sentido achar que o próprio ato de endurecer seu coração às pessoas apenas endurece seu coração. Aí reside o perigo — ao se fechar para as pessoas, se fecha para Deus. Você se vê confiando menos e duvidando mais. Ao ler as Escrituras, sente vontade de fazer um asterisco ao lado de todas as promessas que lê, convencendo-se de que elas não se aplicam a você. Até mesmo seu hábito de orar definha. Para que orar, afinal? Você sente que está orando por coisas que não acontecerão mesmo, então para que se incomodar?

É uma progressão sufocante: começando com saber demais, passando a projetar o passado no futuro até chegar a extinguir a confiança, a esperança e a crença. Só que quando esse processo ocorre, você já tem os inconfundíveis ingredientes para o ceticismo. E quer esteja com 23 ou 63 anos de idade, é uma forma triste — e desnecessária — de se viver.

Qual É a Importância disso Tudo?

Você já chegou a notar que há bem poucos idosos "equilibrados"? Sabia que quando tem seus 20 ou 30 anos de idade, você ainda tem dias bons e ruins? Tem seus altos e baixos, mas as coisas tendem a ficar mais equilibradas em longo prazo. Bem, percebi que esse padrão parece desaparecer quando as pessoas chegam à determinada idade.

A maioria das pessoas mais velhas que conheço acabou ficando de um ou de outro lado da balança do equilíbrio. Eles envelheceram e tornaram-se ou felizes e agradecidos ou amargos e rabugentos. Parece que, ao atingirmos certa idade, um ímã nos puxa para fora do centro e nos lança ou para o lado da felicidade ou para o lado da miséria da vida. Aquele sentimento de "estou tendo um dia ruim", que às vezes temos logo cedo na vida, se transforma em "estou tendo uma vida ruim" lá pelos 70. E por que é assim?

Minha teoria é a seguinte: ao envelhecermos, nos tornamos mais daquilo que realmente somos. Assim como seu corpo fica um pouco mais enrijecido, sua personalidade também perde um pouco da flexibilidade. O caso assemelha-se a uma guerra que ocorre dentro de nós em busca da esperança — e o ceticismo vai ganhar ou perder. Porém, você não será apenas um pouco cético ou um pouco esperançoso. A sorte está lançada, e não há retorno.

Senti essa dinâmica intensamente ao atingir a faixa dos 40. Parecia que havia estourado uma guerra pela minha alma. Finalmente comecei a entender como as pessoas tornam-se céticas, indiferentes e desalmadas.

Tinha tudo isso alojado em mim. A esperança ainda vivia, mas o ceticismo ameaçava extingui-la. Concluí que seria fácil deixar o desespero vencer. Na verdade, percebi que se o ceticismo não recebesse qualquer supervisão, ele *venceria*.

Faltava eu entender o que você precisa entender: na realidade, o ceticismo é uma escolha. Ninguém nasce cético; é um processo. A vida não o transforma em cético; *você* transforma a si mesmo em cético.

Ser ou não cético nem sempre é uma decisão consciente, mas não deixa de ser uma decisão. É quando você decide parar de ter esperança, de confiar e de acreditar. Mas pense em tudo que está em jogo. Os céticos nunca mudam o mundo. Eles apenas o informam por que o mundo não pode mudar. Pergunte a eles; eles sabem tudo a respeito. E foi quando eu soube que acabaria assim, caso não operasse uma mudança de percurso.

Se você já é cético, por favor, entenda que o ceticismo não acontece porque seu coração está fechado, mas porque ele já esteve aberto um dia. Acontece porque seu eu idealista já foi vibrante. E depois, a vida aconteceu. Todas as mágoas vieram. Tudo que lhe resta é escolher. O que você fará?

É óbvio que o cético dirá que não há nada mais a ser feito. Tudo isso apenas reflete o estado natural das coisas após terem sido atingidas pelas dores da vida. Não é difícil concordar com os filósofos quando dizem que a vida é suja, brutal e curta;[3] e com outros que insistem que o inferno são os outros.[4]

Infelizmente, é aqui que muitas pessoas se levantam e saem. O ceticismo não é inevitável. E mesmo que já tenha se tornado um cético, não é necessário continuar assim. Há um caminho de volta. É um caminho para os valentes e para aqueles que há muito tempo perderam as esperanças. O ceticismo tem um antídoto. A pergunta é: você está pronto para aceitá-lo?

2

ACERTANDO O CETICISMO NOS DENTES

Maneiras Práticas de Derrotar Seu Cético Interior

Certa tarde, alguns anos atrás, estava trocando os canais da TV quando vi um professor sendo entrevistado na PBS. Achei a entrevista maravilhosa. Ele tinha pinta de professor mesmo: usava blazer de tweed, gravata borboleta e pince-nez (e não óculos normais, porque ele era bem esse tipo de professor). Sentava-se ereto na cadeira, com os olhos brilhando. Havia até uma melodia em sua voz. Ele dizia coisas do tipo "O que estamos descobrindo é..." e "Teorias recentes sugerem que..." O que me marcou mais foi sua idade; tinha cerca de 80 anos de idade. *Oitenta.* Recordo-me de ter pensado *"Não importa o que seja necessário para se chegar aos 80 assim com tanta vida e frescor, eu o farei"*. Eu podia sentir a batalha contra o ceticismo sendo travada em meu ser, e ficava claro que o ceticismo não era o vencedor na vida daquele professor idoso. Independentemente do que tivesse ocorrido, era o que queria para mim.

O ceticismo é tão cruel! No auge de meu ceticismo, foi a esperança que morreu dentro de mim — esperança de que o futuro seria melhor do que o passado, esperança de que da próxima vez seria diferente, esperança de que meu coração sentiria outra vez novas emoções. E isso nos leva ao antídoto máximo para o ceticismo, que é o fundamento da fé cristã: a esperança. Os céticos acham difícil ter esperança, porque ela é a primeira vítima do ceticismo. O conceito de esperança permeia a narrativa bíblica, estando no epicentro do que as pessoas chamam de evangelho (literalmente, "boas novas").

É comum que as pessoas tenham dificuldades com a Bíblia e com o cristianismo, pois é algo muito *real*. Como pode o cristianismo ser fundado sobre a esperança, quando a maior parte da história é violenta, opressora e sombria? Afinal, você já leu a Bíblia? Ela contém tragédia, trauma e traição em abundância. Talvez você pense que folhear as histórias bíblicas o deixe *mais* cético, e não o contrário.

Quando um de meus filhos era pequeno, sua história bíblica favorita era a de Sansão e Dalila. Comecei a ficar nervoso quando ele me pediu que a lesse noite após noite. Afinal, a história não tem quase nada de construtivo. Deus concede o dom da força a um homem, que se apaixona loucamente, esbanja seus poderes e conta seu segredo... mas mentindo o tempo todo. Depois ele sai de cena ao matar milhares de pessoas e a si próprio em um feito espetacular de força bruta, derrubando as colunas de um templo e o trazendo abaixo. E ninguém viveu feliz para sempre. Amém.

Por anos fiquei incomodado por tantos relatos violentos nas Escrituras. Alguns casos me incomodam até hoje. Mas isso também me ajudou a perceber algo muito mais profundo do que normalmente perceberia sob minha mentalidade ocidental incontaminada da classe média do século XXI: Deus compreende nosso mundo. Ele entende como podemos ser tão cruéis uns com os outros e com nós mesmos. Ele vê nossa crueldade. Sem a intervenção divina na narrativa da história humana, a vida seria suja, brutal e curta.

Em vez de permitir que nossa inumanidade desse a palavra final, Deus entrou na bagunça como humano, através de Jesus, e venceu o ódio através do amor. Lançamos o pior da humanidade diretamente em Jesus: ódio, abuso, zombaria, rejeição e morte. E Deus transformou tudo isso em vida. E não apenas em vida para Si mesmo, mas para *nós* também, para a humanidade, para as próprias pessoas que mataram Seu Filho.

Os céticos acharam que estavam ganhando na última quinta-feira da vida de Jesus. Eles juravam que tinham a palavra final na sexta-feira. Estavam no controle. O desespero reinava. Mesmo os discípulos pensavam assim. Foram para casa, de volta à pescaria. Mas o domingo pegou todos de surpresa. Ninguém achava que a esperança ressurgiria. Ninguém suspeitava que o amor romperia através das cinzas do ódio. Ninguém esperava pelo retorno de Jesus.

O que é extraordinário no cristianismo não é o fato de que temos um Salvador que veio nos livrar, mas que temos um Salvador que sabe quem realmente somos e nos ama assim mesmo. Jesus encarou o ódio nos olhos e ofereceu o amor. Ele confrontou o desespero e deixou extremamente claro a ele que não venceria.

A tônica do evangelho é a de que Jesus vê seu ódio e oferece o amor. Vê seu desespero e o substitui pela esperança. Vê sua dúvida e lança a crença de volta para você, repetidamente. O ceticismo desaparece perante a esperança implacável do evangelho.

Seu passado não é seu futuro. Não se Jesus estiver envolvido.

A amargura não pode perdurar perante o implacável ataque de amor.

A tumba vazia de Cristo não permite que a esperança se esvaneça.

De todas as pessoas na Terra, os cristãos deveriam ser os menos céticos. Afinal, o evangelho nos dá os maiores motivos para termos esperança. Nós não simplesmente nos agarramos a uma reivindicação ou proposição intelectual. Nossa esperança não se baseia em uma emoção ou sentimento. Ela vive em uma pessoa que venceu a própria morte e que nos ama tanto para, literalmente, passar pelo inferno para nos resgatar. Então, sobre o que mesmo você estava desmotivado?

Uma vez que a esperança está ancorada na ressurreição, ela é resiliente. Ela aguenta milhares de Rogers e Marys. Dura mais do que dezenas ou centenas de trabalhos frustrantes. Consegue lidar com dezenas de milhares de corações partidos. Se você quiser acertar o ceticismo nos dentes, confie novamente. Tenha esperança novamente. Acredite novamente. Esta é a esperança que encontramos em Jesus Cristo. E é ela que, no fim, derrota o ceticismo.

E Agora, um Truquezinho

Por mais real que seja a esperança em Cristo, lembre-se de que as coisas podem ficar difíceis na lida do cotidiano. Pelo menos é assim comigo, quando começo a dar sinais de insatisfação, como revirar meus olhos, ou quando meu coração começa a endurecer... novamente. E se a resposta à ascensão do ceticismo é o evangelho, não seria o mesmo que dizer que Jesus é a resposta a todas as perguntas? Olha, no fundo, acredito que Jesus seja a resposta, mas, mesmo assim, às vezes é bom ser mais prático e detalhado. Então, *como* Jesus é a resposta? *Como* lutar com o ceticismo nos dias que a coragem nos falta e que o desespero bate à porta novamente? Isso me faz lembrar de um pequeno truque que aprendi para ajudar a mim mesmo nos momentos em que lutava para enfrentar meu ceticismo crescente. Um antídoto incrivelmente eficaz para o ceticismo é a *curiosidade*. Sim, a mera curiosidade.

Algo que notei repetidamente é a seguinte realidade: os curiosos nunca são céticos, e os céticos nunca são curiosos. Foi isso que me impressionou tanto a respeito do professor na PBS naquela tarde. Ele estava na casa dos 80, mas era *curioso*. Ainda explorava, pensava, estava aberto e imaginava. Ainda estava completamente vivo.

Pense, por um minuto, sobre as pessoas maravilhosamente curiosas que você conhece: um amigo, um antigo professor, um vizinho ou talvez um tio. Você perceberá rapidamente que os curiosos estão sempre interessados, sempre esperançosos e sempre abertos a novas possibilidades. Alguns avós ficam infinitamente interessados por seus filhos e netos, fazendo perguntas, descobrindo novas coisas juntos, abraçando as possibilidades mutantes de um novo mundo. Alguns têm mais alegria pelo amanhã do que tinham décadas antes, e são os animadores de torcida em prol da esperança em suas comunidades, famílias e congregações.

Como Cultivar a Curiosidade

Sendo a curiosidade a disciplina que mata o ceticismo e mantém a esperança viva, como podemos nos tornar mais curiosos? Assim como a maioria das coisas, a curiosidade é um hábito que pode ser nutrido e desenvolvido. Alimente sua curiosidade, e ela crescerá. Deixe-a passar fome, e ela murchará.

Aqui estão cinco chaves que abrirão as portas que ajudarão qualquer um a se tornar mais curioso e a ficar assim pelo resto da vida.

1. Agende Momentos para Pensar

Estar ocupado demais é um inimigo da reflexão, e muitas pessoas sentem-se freneticamente ocupadas atualmente. Pense nisso: quando foi a última vez que você ficou curioso enquanto estava com pressa? A curiosidade precisa de tempo para respirar e explorar. Por outro lado, a pressa sempre está buscando atalhos. E pior, ela passa por cima das pessoas. Ela pede um resumo ou uma sinopse, e não uma história ou explicação totalmente desenvolvida.

Desta forma, separe um momento para refletir e processar. Marque em sua agenda. Então apanhe um livro que trata de um assunto sobre o qual você não sabe nada a respeito e comece a leitura. Outra opção é ir a um café com um amigo e fazer dezenas daquelas perguntas boas. Ou ainda, procure algo no Google até que seu cérebro crie uma sequência toda nova de neurônios.

Dê um passo além. Vá caminhar, faça um percurso longo, ou vá correr ou andar de bicicleta. Várias pessoas descobrem que seus melhores momentos de reflexão ocorrem quando estão realizando atividades físicas, seja uma corrida de oito quilômetros ou algo mais simples, como varrer a casa. Seja generoso ao reservar momentos em sua agenda e deixe sua mente levá-lo para novos lugares. Não dá para refletir e fazer descobertas quando se está com pressa.

2. Faça Perguntas Abertas

Mais adiante falaremos sobre a morte da conversa em nossa cultura e como isso está nos deixando mais desconectados do que nunca. No âmago do desaparecimento da conversa reside uma falta de perguntas feitas.

A disciplina de se fazer perguntas é saudável e útil por vários motivos, sendo que um deles é que as perguntas despertam a curiosidade. O curioso extrai o máximo dessa arte ao usar um tipo específico de perguntas: as que são *abertas*.

É muito comum ver que, em nossa cultura, as perguntas servem apenas para se chegar a um ponto predeterminado. Como advogado, fui treinado na arte de fazer perguntas e de confrontar depoimentos de testemunhas. Muitas das conversas de hoje em dia têm o propósito de extrair a informação desejada e seguir em frente, do mesmo jeito que um advogado faria. As perguntas fechadas indicam que você não está interessado de verdade na resposta ou na pessoa.

Se não me cuidar, formulo a próxima pergunta ou comentário enquanto a outra pessoa ainda está falando. Assim que a resposta dá indicações de estar terminando, sinto vontade de me manifestar. Já fez isso alguma vez? Eu sei, não é uma boa.

Os curiosos fazem perguntas abertas e de sondagem — e depois relaxam e escutam. Da próxima vez que perceber que a outra pessoa está terminando uma resposta, apenas espere. Você ficará surpreso em ver o que acontecerá. Muitas pessoas terão muito mais a compartilhar. Foram tantas as vezes que isso trouxe insights e conversas prestimosas que mal posso contar. Caso você passe a ouvir por mais tempo do que a maioria das pessoas, ouvirá coisas que as pessoas nunca ouvem.

3. Dê Menos Respostas

Além de serem habilidosos com a formulação de perguntas abertas, os curiosos também procuram evitar responder a todo momento. Caso precise ser uma autoridade a respeito de tudo, você acabará com a conversa. Mesmo quando os curiosos têm uma resposta a uma pergunta, eles geralmente a complementam com outra pergunta, mais ou menos assim: "É isso que penso, mas o que *você* acha?" E como em um bom jogo de tênis, o bate e volta continua.

Dar menos respostas não afeta apenas a pessoa com quem está conversando, mas a você também. Faça isso por tempo suficiente e descobrirá que essa moderação desafia seu próprio raciocínio, levando-o a fazer mais perguntas a si mesmo e encorajando-o a alcançar profundezas maiores.

Se está preocupado porque as pessoas vão achá-lo menos convincente do que antes, relaxe. A maioria achará você ainda mais persuasivo e convincente. A abertura atrai as pessoas. Cada vez mais em nossa cultura a certeza absoluta se torna desagradável.

4. Sonhe Mais

Lembra-se de quando tinha sonhos? O que aconteceu com eles? A maior parte dos adultos quer ter mais controle sobre a vida. O controle significa certeza; significa o conhecido. Quando sua vida fica centrada naquilo que você conhece e no que pode controlar, os sonhos morrem.

Você começa a se contentar com o provável, não com o possível. Os curiosos sonham. Eles perguntam. Imaginam. Se passar mais tempo sonhando, verá que seu ceticismo desaparece.

5. Faça Duas Perguntas Essenciais

Finalmente, os curiosos fazem estas duas perguntas inúmeras vezes: "Por quê?" e "Por que não?"

"Por quê?" está no âmago da curiosidade. A repetição desses "Por quês" foi o motivo de você ter sido tão irritante para sua mãe aos seis anos de idade, incessantemente repetindo a pergunta até que mandassem você ficar quieto. Você estava tentando entender o mundo e tinha tão poucas hipóteses sobre ele. Que momento mágico!

Talvez esteja na hora de ressuscitar o "Por quê?" Por que o céu é azul? Por que a gravidade faz as pessoas ficarem grudadas no planeta? Por que os pássaros voam? Por que seu melhor amigo está se sentindo desanimado? Por que os políticos se comportam assim? Por que as pessoas se sentem desta forma?

Para promover a curiosidade, pergunte também "Por que não?" Por que não fazer isso de forma diferente? Por que não dizer sim? Por que não tentar um novo caminho? Expanda seu universo quando aparentemente os outros estão diminuindo o deles.

Os curiosos perguntam "Por quê?" E também perguntam "Por que não?" Experimente.

O Ceticismo Não Tem Chance Alguma

Essa lista é quase infinita. Você pode aumentá-la, mas já percebeu o potencial que ela tem, não é mesmo?

A curiosidade é uma disciplina, assim como é também um ponto de vista. Se conseguir adotar uma postura curiosa a cada dia, você descobrirá que o ceticismo não terá chance alguma. Lembre-se: os céticos nunca são curiosos, e os curiosos nunca são céticos.

Você descobrirá também que o poder total do evangelho cria uma base sólida na vida dos curiosos. Não será possível receber as promessas das Escrituras automaticamente. Você apagará aquele asterisco que dizia que nada daquilo se aplica a você. Vai orar e verdadeiramente acreditar que há um Deus no céu que o escuta. Você também perceberá que o amanhã pode ser diferente de hoje, e confirmará a promessa de que qualquer um que está em Cristo é uma nova criatura.

Imagine-se com 80 anos. O que aconteceu nas décadas entre hoje e aquele momento? Seu coração se expandiu? Ele se endureceu? Sua mente está florescendo ou ela se fechou? Você está cheio de vida e repleto de ideias? Ou a paixão morreu décadas atrás? Eis o que está em jogo.

Então tenha esperança novamente. Creia uma vez mais. Confie de novo. E seja curioso. Cultive a curiosidade por tempo suficiente, e a esperança florescerá. E quando isso acontecer, não haverá chance alguma para o ceticismo.

Parte II

CONCESSÃO

3

BEM-SUCEDIDO (POR FORA)

*Por que o Caráter Determina
Sua Real Capacidade*

Não posso dizer que experimento ocorrências sobrenaturais com muita frequência. Dá para contar nos dedos as vezes em que tenho *total certeza* de que ouvi Deus diretamente. Ainda não preciso dos dedões para fazer essa conta, embora seja pastor. Na maioria das vezes, sinto que ouço Deus quando estou lendo a Bíblia e quando recebo conselhos específicos de pessoas devotas.

No entanto, em algumas e poucas vezes senti que Deus interveio diretamente em minha vida. Entendo que algumas pessoas não acreditam que Deus se comunica conosco. Respeito sua opinião. Sei que outras pessoas aceitam que a intervenção divina é um sinal de maturidade espiritual ("Nossa, você ouviu *Deus*? Deve estar *com tudo* espiritualmente"). Pessoalmente, acho que ouvir Deus diretamente pode ser um sinal maior de *imaturidade* do que de maturidade, porque Ele teve que intervir na minha vida de forma sobrenatural, já que fui tonto ou insensível demais para obter a mensagem de outros modos.

Independentemente de sua crença a respeito dos eventos sobrenaturais, esta é a única forma pela qual saberei explicar o que aconteceu comigo durante meu primeiro mês como advogado estagiário. Tive um daqueles momentos surreais durante o verão, logo após terminar o primeiro ano de Direito. Havia conseguido meu primeiro emprego em um escritório de advocacia em minha cidade natal. Conhecia o sócio sênior desde minha infância. Queria trabalhar em seu escritório porque sabia que compartilhávamos da mesma fé, e queria ter certeza de que poderia exercer a advocacia em um ambiente ético. A ética era primordial para nós dois.

Até onde sabia, o escritório estava fazendo sua parte. Em meados de agosto, já fazia três meses que estava por lá e eles já haviam indicado que me chamariam de volta para trabalhar após minha formatura. Tudo ia muito bem.

Todavia, certa tarde, já no fim do verão, tive uma experiência inédita e que mudou minha vida. Estava na sala de um dos sócios, em pé atrás da mesa, trabalhando em certo arquivo. Ele já havia ido embora e tinha me dado permissão para usar sua sala, que era muito maior do que meu local de trabalho. No momento em que olhava para cima, enquanto pensava sobre um processo em particular, tive uma visão. Chamo aquilo de visão porque não sei qual outro termo usar para descrever o que aconteceu. Estava bem desperto, mas vi um retrato claro de mim mesmo 20 anos no futuro. Naquela visão, estava com 44 anos de idade e curtia minha crescente carreira jurídica. Era extremamente bem-sucedido... porém moralmente falido. Meu casamento e minha família estavam em pedaços. Meus valores haviam sido comprometidos. E não havia nada em mim daquela pessoa que achava que seria, apesar de meu sucesso exterior.

Instantaneamente, soube que a visão significava que não seguiria minha carreira como advogado. Não sei por que sabia aquilo, mas às vezes apenas temos certeza das coisas. E naquele momento, foi o que aconteceu comigo.

A visão me fez baixar a guarda, para dizer o mínimo, e além de sentir que a advocacia não era para mim, ela me deixou mais confuso ainda. Afinal, desde meus oito anos de idade queria ser advogado, e pelo que tudo indicava, era bom naquilo. E agora, em um instante, todo o plano de minha vida fora explodido em milhares de pedaços.

Saí da sala do sócio e me dirigi à sala da diretoria para guardar alguns livros. Havia uma grande janela estilo *bay window* ali, e fiquei absorto olhando para fora, tentando entender o que tudo aquilo significava. Comecei a orar a respeito porque queria descobrir e seguir o plano de Deus para minha vida. Foi então que tive uma impressão de que deveria olhar para a rua lá embaixo.

Está de Brincadeira Comigo?

Quando olhei a Primeira Avenida logo abaixo, vi a igreja na qual cresci, mas a única parte do edifício que conseguia enxergar lá do escritório de advocacia era a janela da sala do pastor. Logo em seguida, ouvi, dentro de minha alma, *Você deveria estar lá.*

Naquele instante duas coisas se iniciaram. Foi a primeira vez que senti um chamado ao ministério. Dizer que aquilo me deixou chocado seria muito pouco. O ministério *nunca* havia passado pela minha cabeça antes. Havia milhares de motivos pelos quais aquilo não fazia sentido. Não tenho o dom que os pastores de carreira geralmente têm. Além disso, sempre sentia pena deles (será que não conseguiam um emprego de verdade em lugar nenhum?). Mas o que experimentei naquele dia foi inconfundível na minha mente.

As coisas ficaram ainda mais claras quando fui buscar minha futura noiva, após o trabalho. Com minha cabeça ainda girando enquanto nos dirigíamos para a casa de meus pais para o jantar, Toni me perguntou: "Você já pensou em entrar para o ministério?" Nunca havíamos conversado sobre aquilo antes. Minha resposta? "Você não faz ideia do que aconteceu comigo no escritório hoje." Aquilo deu início a uma conversa que mudou nossa vida para sempre.

Talvez seja uma interpretação exagerada de apenas uma experiência. Só que havia mais. Muito mais. A segunda coisa que aquela visão fez foi me alertar a respeito de uma tensão que quase todo mundo sofre em determinada altura: a possível ruptura entre quem você é e quem você sabe que deveria ser. Esse chamado tem sido constante em minha vida, mesmo durante o ministério. Você pode achar que estar no ministério me isenta do compromisso moral. Pois não é o caso. Todos podemos trapacear nossos valores em qualquer lugar.

Hoje, acredito que aquela visão dizia tanto sobre a vida quanto sobre a advocacia, dando-me um profundo lampejo a respeito da batalha pelo caráter que cada um de nós enfrenta. Muitos de nós acabam cedendo: quem somos não está mais em sintonia com quem esperávamos ser. E isso acontece de maneira tão sutil que na maioria das vezes nem nos damos conta.

A Sutil Arte de Vender Sua Alma

Todos nós conhecemos alguém que acabou se entregando, cedendo às forças sombrias da ganância, da autoabsorção, da ambição cega, das chantagens morais ou da crueldade. Durante o processo, eles jogaram a integridade no lixo. E mesmo que não conheça pessoalmente alguém que tenha feito isso, uma leitura rápida das manchetes de jornais e revistas em qualquer dia geralmente apontará um atleta, um político ou um líder executivo que o fez.

Então, como alguém chega a esse ponto? Como pode alguém acabar da mesma forma que minha visão me mostrou, aos 44 anos de idade, bem-sucedido por fora, mas corroído por dentro? Mesmo que sua família não o tenha esquecido ou que ainda tenha seu trabalho, talvez haja dias que você se olha no espelho com aquele terrível sentimento de que não fez o que deveria ter feito e de que não é quem achava que seria.

Houve um tempo em que você era 100% honesto com um cliente ou, talvez, com muitos clientes. Poderia ter mantido a promessa, mas não foi o que aconteceu. Você não contou sobre seu vício em pornografia para sua mulher, mas diz a si mesmo que não é algo a se preocupar, quando sabe no profundo de seu ser que isso está arruinando sua intimidade com ela. Sabe que deveria estar mais presente para seus filhos, mas se esconde atrás do computador porque não consegue lidar com o caos de fazê-los dormir e não quer ter outra briga com sua esposa. É simplesmente mais fácil trabalhar. Pelo menos, as pessoas o respeitam assim.

Você flertou com alguém enquanto seu marido não via — nada de mais, apenas um olhar rápido para trás para garantir que ele a achou bonita e desejável. E aquilo a fez se sentir melhor do que deveria. Você costumava desprezar as mulheres que tomavam uma terceira taça de vinho, mas agora a pressão que sente, lançando todas as exigências sobre você, faz com que três taças não sejam nada de mais. E é claro, você fala mal de sua amiga pelas costas de uma forma que nunca diria na cara dela. Mas quem não faz isso?

As concessões sutis que fazemos dia após dia — as meias-verdades, as racionalizações, as desculpas — criam uma distância entre quem você é e quem quer ser. Não que você seja uma pessoa terrível, mas certamente não está sendo sua melhor versão. E se fosse completamente honesto consigo mesmo, diria que, embora não tenha vendido sua alma ao diabo, você a alugou para ele.

Milhares de pequenas concessões o deixaram... concedido.

A Competência Não É Tão Competente Assim

Na posição de jovem líder, estava convencido de que a competência era a chave para o sucesso na vida. Minha fórmula era a seguinte: a competência determina a capacidade. Quanto mais competente você for, maior será seu potencial. Quanto maior seu potencial, maior será sua capacidade. Determinado como era, aquilo me motivava. Continue aprendendo, aperfeiçoe suas habilidades, fortifique sua mente, encontre um bom mentor e gaste centenas — ou até milhares — de horas desenvolvendo a si mesmo, e descobrirá seu potencial. O único limite real para sua capacidade é sua competência.

Desta forma, li livros. Fiz faculdade. Fui a conferências. Expandi minha rede de contatos. Empreguei mentores e contratei coaches. Só queria ser o melhor. Mergulhei de cabeça na ideia de que a competência era a chave para o avanço. Seja a pessoa mais inteligente da sala, aprimore suas habilidades, e tudo dará certo.

Porém, após alguns anos de vida adulta, comecei a perceber pessoas altamente competentes que eram rejeitadas pela liderança. E olha que eram pessoas inteligentes e habilidosas com ótimos currículos educacionais, mentes incríveis e um conjunto de habilidades finamente ajustado e que estavam no topo de suas áreas. Uma após outra ou pediram as contas ou foram demitidas.

Elas geralmente deixavam suas prestigiosas posições por causa de um vício, de um caso amoroso, abuso, desvio de verbas, ganância, brigas internas, ego ou, às vezes, apenas por ser um idiota. Atletas, políticos, líderes executivos, atores, magnatas industriais e pastores caem todos por motivos assim mês após mês, ano após ano, década após década. E esses são apenas aqueles de quem ouvimos. Comece a buscar as histórias que nunca chegaram ao jornal e o massacre parecerá interminável.

Ao observar tudo isso ao meu redor, comecei a repensar minha teoria. E se não for a competência que determina a capacidade? Se for verdade que sua capacidade funciona como uma habilidade para contribuir em prol da vida — para fazer alguma diferença —, então certamente a competência não é o topo, conforme demonstrado caso após caso, história após história. Pessoas altamente competentes são retiradas continuamente. E mesmo se não forem, seu potencial ainda é restringido.

E se não é a competência que determina a capacidade, então o que será?

O caráter. A maior competência do mundo não compensa a falta de caráter. Em última análise, seu caráter é seu topo. Mesmo em um ambiente de trabalho sem qualquer afinidade religiosa, o caráter é o grande nivelador. Você pode ser inteligente, mas se as pessoas não gostarem de você, elas não vão querer trabalhar contigo. Você pode ser o melhor desenvolvedor de software em sua área, mas se mente, as pessoas não vão confiar em você. Talvez faça sua empresa ganhar rios de dinheiro, mas se maltrata as pessoas que trabalham com você, elas sairão ou farão o possível para que você saia.

A falta de caráter mata carreiras, despedaça famílias, destrói amizades e arruína a influência. E mesmo que nunca chegue a ser demitido ou se divorcie em decorrência das concessões que fez, sua falta de caráter limitará sua intimidade, sua alegria e a profundidade de sua experiência com Deus e com as pessoas.

Goste ou não goste, é o *caráter*, e não a competência, que determina a capacidade.

Então É o Caráter que Importa... Sério?

O caráter determina muito mais do que você pensa. No fim, ele não apenas controla sua capacidade no trabalho e na vida, mas também se torna seu legado. É sua competência que deixa a primeira impressão, mas seu caráter é que deixa a última. As pessoas em geral ficam cativadas pela sua competência, mas sua família e amigos próximos são influenciados por seu caráter.

Ainda não está convencido? Anos atrás, Stephen Covey nos incentivou a pensar sobre nosso funeral.[1] Gostaria de incentivá-lo a fazer exatamente isso. Pense em quem apareceria. Bem no centro do local está seu cônjuge, seus filhos, os irmãos remanescentes, outros integrantes da família e alguns amigos próximos.

Já participei de muitos funerais ao longo dos anos como pastor. Por mais de duas décadas ajudei as famílias após uma perda, e nunca vi um filho lendo o currículo do pai em seu funeral. Nunca ouvi os filhos debatendo sobre os bens do pai ao lado de seu caixão. Garanto a você que nenhum de seus chegados fará a leitura dos resultados do último trimestre durante a celebração de sua vida.

Sempre que me reúno com as famílias após uma morte, o legado do falecido fica aparente em poucos minutos. Infelizmente, este nem sempre é muito bom. Já presenciei cônjuges e filhos muito machucados tentando encontrar coisas boas para dizer, conseguindo apenas expressar algumas poucas frases esquisitas que ocultavam sua dor. Também já vi corações que ficaram obscuros e até indiferentes perante o morto. Obviamente, ninguém está *contente* porque alguém morreu, mas esses indivíduos tampouco ficam tristes.

Pode ser decepcionante saber que isso realmente acontece, mas é a verdade. Qualquer discurso de homenagem a um falecido é uma repetição das "melhores coisas" feitas ou uma "lista de destaques" da história de vida, mas às vezes o discurso é curto por uma razão. Quando você não estiver mais respirando, seu legado estará centrado em seu caráter. As pessoas se lembrarão se você amou de verdade, se perdoou prontamente, se esteve preocupado a ponto de estar ao lado delas. Elas se lembrarão se você serviu ou se preferia ser servido. Elas saberão se seus pensamentos revolviam ao redor de si mesmo, ou se realmente buscavam honrar a Deus e aos outros. Elas se lembrarão se você foi generoso ou miserável, arrogante ou humilde, compassivo ou indiferente. Elas se lembrarão de sua raiva, ou se você aprendeu os ritmos da graça.

Sinceramente, fico um pouco nervoso ao pensar sobre o que diriam se eu morresse neste instante. Acho que sou muito mais uma mistura de tudo. Ainda bem, este ainda não é o final da minha ou de sua história. Se acha que é tarde demais, está enganado. O último capítulo de sua vida ainda não está escrito. Antes de ficar desanimado demais a respeito de seu passado, lembre-se de que sua família também se lembrará de seu *progresso*. E é por isso que você nunca deve desistir.

Não consigo nem contar quantas vezes ouvi filhos já adultos dizerem coisas como "Quando eu era mais novo, o pai era terrivelmente bravo. Mas ele mudou muito. Ele ficou muito mais compassivo ao longo dos últimos anos". Ou então "A mãe e o pai costumavam brigar todos os dias. Mas foi ótimo perceber como eles aprenderam a se honrar e respeitar nas últimas décadas". Também ouvi frases parecidas com "O pai costumava trabalhar o tempo todo (ou beber o tempo todo, ou nos ignorar o tempo todo), mas à medida que crescíamos, ele mudou. E você tinha que ver como ele era com os netos. Eles o adoravam".

Talvez a parte mais difícil seja que, no fim, nossa vida será reduzida a uma simples frase. Não digo nas primeiras semanas ou meses após nossa partida. Mas dê um ano ou mais, e todos seremos descritos com apenas uma frase: "Minha mãe? Ela era uma pessoa tão bondosa. Sentimos sua falta. E o que faremos para o jantar?" Ou então "Meu pai trabalhava muito e adorava seu Corvette. Me diz, que horas começa o jogo?"

Desanimador, não acha?

Só neste livro há mais de 50 mil palavras, e não é meu único livro. Terei vivido pelo menos cinco décadas até o momento de minha morte (espero que muitas mais), terei tido milhares de conversas, conhecido milhares de pessoas e conversado com milhares de líderes. Mas no fim, todos que me conhecem bem, incluindo minha família, resumirão minhas contribuições em algo como "Ah, o Carey, ele era _____. Pode me passar o molho, por favor?"

Aquilo que pode ser escrito nesse espaço em branco é que me deixa curioso. Não porque me importe a respeito de como será minha reputação, mas porque me importo com o impacto que terei causado nas pessoas mais próximas a mim. Como alguns líderes já disseram "Quero que as pessoas que me conhecem melhor sejam as que mais me amem". Infelizmente, é geralmente o contrário. Se você não nutrir seu caráter diariamente, talvez seja mais admirado pelas pessoas que menos conhece, enquanto as pessoas que o conhecem melhor são as que brigam mais com você.

Felizmente para todos nós, ainda não acabou. Continue aprimorando seu coração. Continue nutrindo sua alma. Talvez você ainda não seja quem quer ser, mas ainda não está terminado.

A Batalha É Real

Não é nada fácil desenvolver o caráter, e é por isso que tantas pessoas abandonam a empreitada. Mas ela vale tanto a pena! O caráter é mais importante do que qualquer outra coisa porque você imprime quem você é em tudo o que faz. Seu caráter determina que tipo de cônjuge, pai, amigo, funcionário e líder você é. Não importa o quanto tente, você não conseguirá escapar de *você*.

Então por que não temos todos um caráter excepcional? Por que é tão difícil ser quem esperávamos que seríamos? Poucos conseguem descrever a luta humana de forma tão genuína e clara como um escritor o fez há quase dois milênios. Pelo que sabemos, ele era um líder excepcional. Contribuiu com a expansão do cristianismo nascente, passando de um ajuntamento local de algumas pessoas que acreditavam que Jesus ressuscitara para um movimento global, e tudo dentro de poucas décadas. É pouco dizer que Deus usou Paulo. O único que teve uma influência ou impacto maior estendendo-se ao primeiro século do cristianismo foi o próprio Jesus.

Talvez você pense que Paulo tinha uma vida interior fantástica, que sua vida espiritual era extraordinária e que ele raramente era tentado a fazer o errado. Como Deus o usou tão poderosamente, talvez você entenda que Paulo nunca tenha lutado para ser a pessoa que Deus o chamou para ser, ou para refletir a graça e caráter do Salvador que ele adorava.

Aparentemente, esse não era o caso, e, incrivelmente, temos um registro de sua batalha interior:

> Não me compreendo de modo algum, pois realmente quero fazer o que é correto, porém não consigo. Faço, sim, aquilo que eu não quero — aquilo que eu odeio...
>
> Seja para que lado for que eu me volte, não consigo fazer o bem. Quero, sim, mas não consigo. Quando quero fazer o bem, não faço; e quando procuro não errar, mesmo assim eu erro...
>
> Parece um fato da vida que, quando quero fazer o que é correto, faço inevitavelmente o que está errado. Em minha mente desejo de bom grado ser um servo de Deus, mas, em vez disso, vejo-me ainda escravizado ao pecado. Assim, vocês podem ver como minha nova vida manda-me fazer o que é correto, porém a velha natureza que ainda está dentro de mim gosta de pecar. Que situação terrível esta em que eu estou![2]

Já se sentiu assim alguma vez? É por isso que sua vida em família não é bem aquilo que você imaginava que seria quando estava namorando, e você sabe que uma grande parte desse problema é você. O mesmo serve para suas amizades, que são tão complicadas às vezes, e você sabe parte do motivo. É por isso que luta no trabalho, onde uma parte enorme de sua batalha é interior e relacional.

Se ainda está respirando, então Paulo descreveu exatamente a batalha que você enfrenta, não é? Tem ideais, mas vive no mundo real, com desafios reais. Mesmo com suas melhores intenções, você faz tantas concessões que acaba ficando concedido.

Sinais de que Está Perdendo a Luta

Como a concessão começa? Às vezes ela começa intencionalmente. Você sabe que está traindo. Sabe que está mentindo. Mordeu a isca. Mas quase sempre não é assim que a concessão começa. Ela é mais sutil.

Assim como Paulo admitiu, a batalha tem uma qualidade inata. A concessão está em você, e a vida a traz para fora. Você está rodeado de pessoas que cederam, que fizeram centenas de pequenas concessões. É fácil se deixar levar. É fácil se entregar. Siga o fluxo, e, antes que perceba, terá passado do limite.

E quais são alguns indicadores de que você está se deixando levar, de que não está se tornando quem pretendia ser? Aqui estão cinco.

1. Há um Espaço Cada Vez Maior entre Sua Vida Pública e a Particular

Seu caráter fica concedido no momento em que você não consegue mais dizer a verdade ao mundo. Você projeta uma imagem de si mesmo que não é precisa. Cria uma versão simples e inocente disso ao receber convidados em sua casa para o jantar. Corta a grama, limpa as migalhas do balcão da cozinha, pede que seus filhos arrumem o quarto, recolhe as toalhas do chão do banheiro e coloca flores novas. E depois finge que vive assim o tempo todo.

Não há nada de errado em enfeitar sua casa para os convidados, mas a coisa fica séria quando você projeta ao mundo uma imagem exterior de quem você é que não reflete realmente sua vida interior. Observe se há espaços entre suas palavras e suas ações. Como, por exemplo, quando você fala bonito em público, mas surta com sua esposa, filhos e com sua equipe, isso é um espaço. Quando seu discurso com seus colegas é sobre responsabilidade financeira, mas suas finanças pessoais estão uma bagunça, é um espaço. Quando você diz que as pessoas são importantes, mas não separa tempo algum para alguém que está em necessidade, é um espaço.

Você odeia essa discrepância nos outros. Chama isso de hipocrisia, e é exatamente este o caso. A palavra *hipocrisia* deriva da palavra grega para "ator". Um hipócrita era um ator que vestia uma máscara para retratar um personagem. É o que os hipócritas fazem: eles fingem ser alguém que não são.

Embora seja fácil identificar a hipocrisia nos outros, é muito mais difícil enxergá-la em nós mesmos. Isso ocorre pois julgamos a nós mesmos com base em nossas *intenções* e aos outros por suas *ações*. É completamente injusto, mas excepcionalmente comum. Você sabe o que *pretendia* fazer, ou como *desejava* ter reagido. Então quebra um galho a si mesmo. Depois dá uma enfeitada na ação, que serve de máscara e a deixa um pouco mais parecida com a intenção. E eis o princípio da desconexão entre quem você é e quem você quer ser.

2. Você Não Abre o Jogo

Conforme aumenta o espaço entre seu eu real e a projeção de seu falso eu, você fará o possível para que ninguém descubra a verdade sobre você. A concessão acaba levando ao disfarce.

Uma vez que você percebe (mesmo em um nível subconsciente) que não é quem deveria ser, fica envergonhado em admitir o que está fazendo. Pede a seu contador que faça algumas alterações, em caso de ser auditado. Deleta o histórico de seu navegador. Muda a senha de seu telefone e diz a seu cônjuge que foi por causa do trabalho. E inventa histórias para esconder os fatos.

Os disfarces são o combustível diário para os jornais, porque são comuns demais nos negócios e na política. São típicos nessas áreas, pois são comuns demais em todos os lugares. Todos começamos a enganar e a desinformar os outros sempre que nos sentimos envergonhados pelo que fizemos ou por quem nos tornamos. É que a maioria de nós não acaba virando manchete de jornal.

3. Você Não Mantém Sua Palavra

Outro sinal da concessão é quando você se compromete com coisas que nunca acaba realizando. Talvez isso seja uma condição humana comum, mas ela se intensifica à medida em que se faz mais e mais concessões.

Claro, você diz que quer visitar seus pais e irmãos, mas suas prioridades reais mudaram. Promete que irá vê-los em breve porque é o que as boas pessoas dizem, mas simplesmente não cumpre. Da mesma forma, diz à sua equipe que o relatório ficará pronto dentro de certo prazo, mas não é o que acontece. Você estava preocupado demais com outras coisas. Você prometeu levar seu cônjuge para sair, mas a promessa foi para o espaço, novamente, porque você ficou preso com outros assuntos mais urgentes.

Não é nada demais, é isso o que você diz? Caso pense que sua falta em finalizar as coisas diz respeito apenas às pequenas coisas que não merecem muita atenção, fique sabendo que é exatamente assim que a concessão começa.

4. Você Justifica Suas Más Ações e Decisões

Há um certo momento no qual você faz tantas concessões frequentes que decide parar de pedir desculpas e começa a se justificar. Há uma razão pela qual você é da forma que é.

Todos da sua área se comportam como você; mudar seria o mesmo que perder. Não há como evitar a apatia na qual se transformou seu casamento; acontece com todos os casais. Sua irritação se deve à pressão insuportável que está sofrendo; não há nada que possa fazer para mudar isso. E sua ganância, bem, você merece algo bom após ter trabalhado tanto; quem pode culpá-lo por isso?

Ao começar a justificar seu mau comportamento e suas decisões ruins, você começa a acreditar que sua condição é inevitável. Transfere a culpa para circunstâncias que estão "além de seu controle". Convence a si próprio de que se os outros estivessem em sua pele, eles seriam tão céticos, infelizes e fariam tantas concessões quanto você. Eles apenas não entendem isso.

5. Tudo em Sua Vida É Sobre Você

Ao continuar fazendo concessões, você acabará moldando uma vida que é praticamente toda em torno de seu umbigo. E isso é o contrário de quem você sabe que deveria ser. Qualquer sistema de valores que vale a pena ser seguido está focado nos outros, e não em si próprio. O problema, obviamente, é que as pessoas demandam tempo, atenção e amor. E você não tem tempo ou energia para isso. Não mais.

Se você é o único que importa, fez mais do que alugar sua alma. Talvez tenha feito um arrendamento de longo prazo.

Nunca Alguém o Pagará por Consertar Isso

Ao considerarmos o funcionamento da dinâmica comportamental, não nos surpreende que a concessão aconteça tão facilmente.

Primeiro, como foi tão brilhantemente cunhado por Paulo, a concessão é básica à condição humana. Temos uma inclinação natural a ela. Segundo, quase ninguém vai lhe pedir que desenvolva seu próprio caráter. Talvez seu cônjuge, mas para por aí. Outras pessoas farão menção disso? Talvez, mas não sob a perspectiva do encorajamento. Em vez disso, elas apenas o penalizarão caso você não se desenvolva. Elas o demitirão, desfarão amizades ou pedirão o divórcio. É raro encontrar alguém que o encorajará a aprimorar seu caráter proativamente.

Compare isso com sua competência. As pessoas o motivarão para que você a desenvolva. Provavelmente seus pais o incentivaram a buscar uma formação acadêmica. A competência é tida em tão alta estima em nossa cultura que as pessoas até pagam para você melhorar suas habilidades. Seu empregador paga os custos para que você participe de uma conferência, faça cursos necessários ou até banca uma pós-graduação.

Além do mais, é divertido melhorar sua competência. Quem não quer aprender novas habilidades ou desenvolver talentos? Devorar um livro, ouvir um podcast ou assistir uma aula online pode ser muito motivador. Há uma tendência em nós que nos leva a vermos os resultados tangíveis. A habilidade aprendida pode ser aplicada este mês. Aquele macete aprendido traz um retorno imediato.

Mas quem o está incentivando a ser um *eu* melhor? Quem o está encorajando a ver aquelas questõezinhas intocadas de seu caráter que precisam ser resolvidas? Tudo bem, momento do cri, cri, cri.

Quase sempre, há bem poucas pessoas. Pior, talvez não haja ninguém.

E sejamos honestos: desenvolver o caráter é muito mais doloroso do que desenvolver habilidades. Trabalhar em seu caráter o força a visitar as profundezas e falhas de seu coração. Isso o encoraja a observar seu passado para criar um futuro melhor. Faz com que você se olhe no espelho.

Porém, ao enfrentar seu caráter, as coisas não ficam tão agradáveis. A transferência de culpa acaba. As desculpas são colocadas de lado. E a honestidade — a dolorosa honestidade — é necessária. Finalmente, você terá de lidar consigo mesmo, o que explica por que é tão mais fácil continuar focando sua competência e continuar fazendo concessões com relação a seu caráter. O caráter é um daqueles conceitos etéreos que parecem não ser tangíveis, pois parece tão irreal. Mas, na realidade, não é assim. É possível desenvolver seu caráter da mesma forma que desenvolve um músculo: com muito exercício. Há disciplinas práticas, hábitos e padrões que fazem seu caráter crescer. É o que veremos a seguir.

4

RETIRANDO SUA ALMA DO MERCADO

Maneiras Práticas de Aprofundar Seu Caráter

Quando eu tinha cerca de 30 anos, fiz meu primeiro retiro pessoal. Já havia participado de retiros bem estruturados antes, organizados por diretores espirituais, pastores e professores, porém este era diferente. Eu mesmo defini todas as regras. Seria apenas eu, desconectado do mundo por três dias. Veja isso como um confinamento solitário para a alma.

Na minha lógica, ficar sozinho por três dias me daria uma oportunidade de dissecar minha alma, reforçando meu caráter de tal modo que seria o suficiente para me deixar bem por anos. E como estaria totalmente só, com certeza ouviria a voz de Deus.

Consegue imaginar o que aconteceu durante aqueles três dias? Fiquei entediado. Sabe o grau de silêncio que se faz quando você desliga seu telefone, todos os seus dispositivos e fica lá sozinho? Já parou para pensar em como é esquisito ficar sentado sozinho em total silêncio? É estranho não ter nada agendado no calendário, ninguém para conversar, para distrair e nada pelo que aguardar, a não ser uma tigela de sopa que ficará pronta em quatro horas. Blaise Pascal tinha razão: "A única causa da infelicidade humana é que as pessoas não sabem ficar quietas em seus quartos."[1]

Eu esperava que o retiro fosse uma fonte de crescimento espiritual rápido. Mas a maior parte do tempo resumiu-se a eu sentado lá sozinho, sem nada para fazer. Orei, mas em três dias fiquei sem assunto para incluir na oração. Li a Bíblia, mas isso já era um hábito diário, de qualquer maneira. Comecei um diário, mas não dava para escrever tanto assim. Finalmente, dei permissão a mim mesmo para acessar a internet. Permiti-me assistir sermões, porque, bem, isso é uma atividade espiritual.

Para minha grande decepção, nada de profundo aconteceu durante aqueles dias. Nenhuma grande revelação. Não houve nada em especial que desenvolvesse meu caráter ou transformasse minha vida.

Porém, o que, sim, pude perceber foi que a construção do caráter não acontece majoritariamente dentro de algum monastério cercado por muros de rochas e porões úmidos. Essa construção acontece na lida do cotidiano. E tem que ser assim, pois é na labuta diária que nosso caráter é mais desafiado: nos estacionamentos, durante reuniões, em meio ao conflito conjugal e em casa, quando você já está exausto, mas o lixo ainda precisa ser levado para fora e você acaba tropeçando nos calçados das crianças.

Apoio muito a ideia dos retiros e certamente participarei de outros, mas se não tivermos uma estratégia para nosso dia a dia, nunca venceremos na luta por nossa alma. Após observar meu caráter ser desafiado ao longo dos anos, inventei uma fórmula que tem me ajudado muito. Não que seja algo matemático, mas quando eu a expresso dessa maneira, me ajuda a lembrar do que é realmente necessário.

O antídoto para a concessão é simplesmente o seguinte: se esforce duas vezes mais no desenvolvimento de seu caráter do que se esforça com suas competências. Talvez seja necessário se esforçar cinco vezes mais. Ou até dez. Não sei. Duas vezes parece ser possível de se realizar, e é um lembrete de que provavelmente haverá resistência, então é importante prestar atenção. De acordo com Jesus, são poucas as pessoas que conseguem realizar tal feito.

POIS ENTÃO, HÁ ESTE CAMINHO...

Você já ouviu o ensinamento que Jesus nos deixou ao dizer que "Estreita é a porta, e apertado o caminho que leva à vida! São poucos os que a encontram"?[2] Se já ouviu, provavelmente foi em uma explicação como uma referência a *tornar-se* cristão, sendo que bem poucas pessoas chegam a entregar a vida a Jesus. Foi assim que eu tinha entendido, pois foi a maneira que me ensinaram. Com certeza, é uma das aplicações válidas. Mas fico me perguntando se não seria possível que Jesus tivesse algo diferente em mente, como uma aplicação que nos mostra como é difícil desenvolver o caráter e como é raro encontrar pessoas neste caminho. Considere novamente como a frase foi formulada por Jesus: "Estreita é a porta, e apertado o caminho que leva à vida! São poucos os que a encontram".

Caso você leia esse trecho como se fosse puramente um comentário sobre *tornar-se* cristão, será algo consistente com o restante da mensagem do novo testamento, o qual diz que nossa salvação não depende de nossa bondade, mas de confiar nossa vida a Jesus, que morreu e ressuscitou para perdoar nossos pecados e nos dar a vida. Afinal, tornar-se cristão não tem nada a ver sobre *nós* sermos bons, mas sobre *Deus* ser bom para nós em Cristo. Nossa resposta é a confiança em Cristo.

O contexto desse ensinamento nos dá pistas sobre o que Jesus queria dizer. Ele apresentou esse comentário sobre o caminho que leva à vida no momento em que fazia um resumo daquele que, possivelmente, foi o principal de todos os sermões já pregados, popularmente chamado de Sermão da Montanha. Mesmo que não seja leitor da Bíblia, pode ser que esteja familiarizado com os ensinamentos de Jesus provindos desse sermão. Nessas passagens, Jesus falou sobre amarmos nossos inimigos e sobre não julgarmos as pessoas. Ele até apresentou a Regra de Ouro, a qual diz que devemos "fazer aos outros o que gostaríamos que fizessem a nós".[3] O Sermão da Montanha contém alguns dos ensinamentos mais conhecidos e poderosos de Jesus.

Obviamente, Jesus não estava dizendo que podemos entrar no céu *apenas* se obedecermos a cada detalhezinho do Sermão da Montanha, como "Apenas alguns de vocês chegarão a ser tão justos assim, e, caso consigam, sejam bem-vindos ao céu". Caso seja assim, estamos todos perdidos, eu em particular.

Pelo contrário, acredito que Jesus quis dizer que, como consequência de confiar nele como Senhor, há uma vida diferente — uma reconstrução de sua vida — que pode ser encontrada apenas através da entrega total de seu caráter e de sua alma a Deus. Isso não o salvará. Mas é uma *reação* por estar salvo.

UM TIPO DIFERENTE DE CONVITE

Essa nova vida está centrada em permitir que Deus faça o trabalho mais pesado de mudança e regeneração, de transformar você em uma nova criatura. À medida que permite que Cristo lapide a pedra bruta de sua alma, de seu caráter e de seu coração, a vida será reconstruída com uma semelhança muito maior ao próprio Deus. E, enquanto seu caráter sofre a transformação de dentro para fora, seu amor fluirá mais profundamente. Você vai parar de julgar os outros. Não ficará olhando uma mulher como um objeto e não se corroerá de luxúria por ela. Não odiará seu próximo. Ou seja, sua vida será muito mais parecida com aquela descrita no Sermão da Montanha.

É quase como se Jesus estivesse dizendo: "Quando você se tornar meu seguidor, terá sido apenas o primeiro passo. Está disposto a passar pelo tipo de trabalho restaurativo que estou pronto para realizar em sua vida? Está pronto para integralmente permitir que eu o reconstrua de dentro para fora? Sei que o portão para esse tipo de vida é estreito e que o caminho é difícil. Reconheço que poucos chegam a encontrá-lo. Mas ele vale tanto a pena! Adoraria que você me acompanhasse. Topa?"

Este é um baita de um convite, e um tipo muito difícil de aceitar de verdade. O fato de que a transformação que Jesus prevê é tão profunda e tão dolorosa explica por que encontramos tantos cristãos que não se parecem em nada com Jesus. E sabe o que é esquisito? Provavelmente eles *são* cristãos; eles apenas não encontraram o caminho que leva à vida. Eles ainda sentem ódio. Ainda julgam os outros. Ainda sentem inveja. Porque o caminho que nos leva ao amor é tão difícil, o portão é tão estreito e poucos conseguem encontrá-lo.

Caso você realmente embarque na profunda jornada que Jesus o convida a fazer, cessará de fazer concessões. Seu exterior se assemelhará ao seu interior. Não será necessário esconder as coisas, pois não haverá mais nada a ser escondido. Você será tão constante que não haverá diferenças entre seu eu público e o privado. Manter sua palavra será algo fácil de ser feito, pois seu sim significará sim, e seu não significará não.

Esse é o resultado de desenvolver seu caráter. Isso é o significado de retomar sua alma.

Obviamente, é o trabalho de uma vida toda. Os antigos denominavam isso de santificação, o processo de ser feito santo, de separar a si mesmo das coisas que assassinam sua alma. É o trabalho, por vezes doloroso, que Deus realiza em sua vida, não porque ele odeia você, mas porque o ama. Paulo sabia que sua batalha interna exigiria ações espirituais, e acreditava na solução centrada em Cristo. Veja como ele conclui aquele trecho muito sincero a respeito de sua luta: "Que situação terrível esta em que eu estou! Quem é que me livrará da minha escravidão a essa mortífera natureza inferior? Mas, graças a Deus! Isso foi feito por Jesus Cristo, nosso Senhor!"[4]

Portanto, como começamos essa reconstrução? Como podemos reverter as concessões e começar a desenvolver nosso caráter? O processo de mudança do nosso caráter, começando de dentro para fora, pode encher todas as páginas deste livro com sua descrição, porém, aqui estão três maneiras para você começar.

1. Assuma a Responsabilidade

Há um motivo muito simples pelo qual culpamos as circunstâncias e as outras pessoas, em vez de assumirmos nossos erros e falhas: é mais fácil do que ter que lidar com nós mesmos. A culpa é o oposto da responsabilidade. Toda vez que culpamos os outros, inventamos justificativas ou inventamos uma desculpa nova, estamos nos evadindo da responsabilidade.

O primeiro passo para o progresso é a auto-honestidade. Na primeira vez em que busquei um terapeuta para resolver alguns problemas que Toni e eu enfrentávamos em nosso casamento, fui à consulta com uma longa lista de coisas que estavam erradas com minha esposa. Algumas horas depois, saí do consultório dele com uma longa lista de coisas que estavam erradas comigo. Parece estranho ter que pagar a alguém para que lhe diga o que está errado com você, mas agora eu entendo isso como um investimento poderoso em um futuro melhor. Adivinhe o que aconteceu logo que comecei a lidar com *meus* problemas, em vez de exigir que Toni lidasse com os (bem poucos) problemas dela. Comecei a melhorar. Nós melhoramos, e nosso casamento também.

A mesma dinâmica pode acontecer com seu caráter. Assim que você começar a admitir que é o problema, começará a progredir. Pode culpar sua equipe, sua diretoria, seu cônjuge, seus filhos, a economia, sua profissão ou até a gravidade, mas nada disso remodelará seu caráter.

Se você mudar tudo em sua vida, com exceção de seu caráter, ainda não será o tipo de pessoa que busca ser. Pode mudar de empregos. Pode mudar de carreira, de cidades e até de cônjuge. Mas nada disso mudará quem você é.

2. Ajuste Sua Fala às Suas Ações

Estudos mostram que uma pessoa comum escuta cerca de 200 mentiras por dia e que "60% das pessoas mentem durante uma conversa normal de dez minutos e... contam duas ou três mentiras nesse curto período".[5] Por pior que pareça, e é ruim, provavelmente não nos surpreendemos com estatísticas desse tipo. As pessoas contam inverdades por diversos motivos, mas quase sempre é porque elas estão fazendo, até certo ponto, concessões de alguma forma.

Alguns anos atrás, comecei a observar tudo que dizia em público para garantir que era a verdade. Sei que pode parecer estranho, mas sempre que há um espaço entre quem você é e quem você quer ser, suas palavras tendem a ser exageradas e adornadas.

Por exemplo, poderia ser tentado a dizer que conseguiria realizar um projeto quando, na realidade, sabia que era improvável. Da mesma forma, caso alguém me convidasse para fazer algo juntos e eu sabia que aquilo não aconteceria (ou que eu não quisesse que acontecesse), talvez dissesse "Claro, vamos marcar". Ou poderia dizer que tive uma ótima conexão com Deus durante minha devoção matinal, quando, de fato, minha mente ficou fugidia o tempo todo. Estou falando de espaços "inocentes" assim.

Fiquei profundamente comprometido em garantir que minhas ações se alinhassem com minha fala. Fiquei até obcecado com isso, em todos os aspectos de minha vida. Isso implicava que, caso tivesse momentos horríveis com Deus, teria que dizer a verdade. Como consequência, quando não pudesse me encontrar com alguém, teria que dizer à pessoa que não iria, por mais decepcionante que isso pudesse ser para nós dois. Isso implicava que, se eu não gostasse da comida que me fora servida, teria que admitir que ela não fazia meu gosto (gentilmente).

É doloroso viver assim. Muito doloroso. Recentemente, Toni e eu estávamos em Austin, Texas, por alguns dias. Eu tinha o compromisso de palestrar mais adiante naquela semana, porém tivemos uma manhã livre e decidimos visitar a igreja de meu amigo Buck. Toni ficou responsável pelo Google Maps, enquanto eu estava atrás do volante naquela manhã. Digamos apenas que minhas tendências de ser louco por controle e minha impaciência chegaram ao limite várias vezes, até que, totalmente frustrado, peguei o telefone dela e disse com o maior tom de superioridade e frustração que pude fazer: "Eu mesmo vejo o mapa".

Naquela manhã, reprovei no quesito "como ser um bom marido, lição 1". Minha prova tinha um zero vermelho enorme. Fui tão insensível que Toni irrompeu em lágrimas, e parei o carro no acostamento. Enquanto ficamos parados lá, tentei melhorar as coisas em cinco minutinhos para que não nos atrasássemos. Você sabe o tipo de "tentativa masculina" a que me refiro: *vamos lidar com isso o mais rápido possível, para que possamos seguir com as coisas.*

O grau de frustração dela comigo era muito grande para ser diminuído com qualquer simples tentativa de minha parte de melhorar as coisas. Foi uma manhã daquelas, e ela tinha todo o direito de estar brava comigo. E não era a primeira vez que isso acontecia. Eu tinha sido um idiota, e havia causado um grau profundo de desgosto e decepção nela (de novo). Seria necessário um bom tempo para resolver aquilo.

À medida que as coisas pioravam, também estava ciente de que precisava enviar uma mensagem a meu amigo para informá-lo de que não conseguiríamos chegar ao culto daquela manhã. Porém, a dúvida era o que dizer. Será que deveria apenas escrever uma breve mensagem, como, "E aí, cara? Surgiu um imprevisto e não conseguiremos chegar hoje"?

Ou deveria torcer a verdade e dizer "Desculpe-me, Buck, Toni não está se sentindo muito bem, então não vamos mais"?

Fiquei convencido de duas coisas naquela manhã. Primeira, eu fora um amigo e marido terrível para Toni. E segunda, precisava ser honesto sobre o que estava acontecendo. Então escrevi o seguinte para meu amigo Buck: "Não iremos à igreja esta manhã. Fui um marido idiota hoje, e não estamos tendo um bom dia. Sinto muito. Mais tarde eu explico melhor".

Aff! Sabe como é terrível enviar uma mensagem assim? Quando falei com Buck e sua esposa, dois dias depois, assumi minha falha novamente, expliquei a situação e me desculpei.

Permita lhe dizer o que acontece quando você está incansavelmente comprometido em garantir que sua fala se ajuste às suas ações: você muda suas atitudes. Toda vez que alinho minha fala pública com minhas ações particulares, minhas ações ficam melhores. As palavras têm esse tipo de poder, caso sejam sinceras. A vergonha e a humilhação de admitir quem você realmente é perante as pessoas que respeita e admira incentivarão uma grande alteração no comportamento.

As pessoas geralmente dizem "Bem, tenho um amigo com quem sou brutalmente honesto". Com isso, elas geralmente estão querendo dizer que têm uma amizade intencional na qual falam abertamente sobre suas lutas. Isso é fantástico, e todos devem cultivar esse tipo de relacionamento. Mas esse amigo não está com você 24 horas por dia. Suas palavras e seu comportamento estão. Além do mais, você pode dar uma torcidinha na história em seu favor ao conversar com seu amigo.

Se apenas ajustar sua fala à sua ação, o espaço entre quem você é e quem deseja ser diminui quase que instantaneamente. Às vezes é vergonhoso demais dizer a verdade, então você dá uma melhorada nela. De todas as mentiras que contamos, aquelas que contamos a nós mesmos são as mais mortais. Uma das melhores coisas que se pode fazer para superar a hipocrisia é deixar a fala mais humilde e intensificar as ações.

Se você chegar a ser ridiculamente honesto com sua fala individual e pública, quer dizer que estará perfeito? É claro que não! No entanto, isso significa que sua vida será muito mais autêntica. Você terá a humildade de admitir suas falhas, e embora no começo isso seja algo terrível a ser feito, será libertador no final. Talvez você tenha medo de perder a estima das pessoas, caso venha a admitir suas falhas. Na verdade, o oposto é verdadeiro. As pessoas não o estimarão menos quando você for honesto. Sua estima com elas aumentará.

3. Coloque-se em Primeiro Lugar Quando o Assunto For Crescimento Pessoal

Se você for passar o dobro de tempo desenvolvendo seu caráter do que passa desenvolvendo suas competências, a intencionalidade será necessária. Antes de mais nada, é necessário entender que *não* é nada egoísta se colocar em primeiro lugar quando o assunto é crescimento pessoal. O que seria mais egocêntrico: fazer concessões novamente, até que sua família não o respeite mais e seus colegas de trabalho percam a confiança em você, ou separar um tempo diariamente para se tornar uma pessoa de integridade e honra profundas?

As palavras-chave aqui são *separar um tempo diariamente*. Já que ninguém vai lhe dar mais tempo para que seja uma pessoa melhor, você precisa separá-lo. Isso não quer dizer que você não estará disponível 24 horas por dia, sete dias por semana, mas que se ausentará para orar, estudar e desenvolver seu caráter. Isso quer dizer que você vai ler um livro, estudar as Escrituras, encontrar-se com um mentor, fazer um curso ou falar com um terapeuta. O tempo que passa desenvolvendo seu caráter é um investimento em si mesmo e nas pessoas que são mais importantes para você. É um investimento que traz retornos em todos os aspectos de sua vida.

Se acha que isso é desnecessário ou que não tem tempo para essas coisas, pois fique sabendo que Jesus se preparou durante 30 anos para ministrar por três. Pense nisso. Todo o processo de preparação até a implementação dele teve uma proporção de 10:1. Para cada ano que ensinou, serviu e curou, ele se preparou durante outros dez anos. E mesmo durante esses anos, ele geralmente desaparecia para orar.

Adivinhe o que a maioria de nós faz? Nós revertemos a equação. Para cada hora de preparação, realizamos dez horas de atividades. Para ser sincero, acho que provavelmente passamos uma hora nos preparando para cada *centena* (ou até *milhar*) de horas de implementação. E se decidíssemos seguir o exemplo de Jesus e mudar nossa proporção de 1:10 para 10:1? Sem dúvidas, isso influenciaria dramaticamente nosso crescimento pessoal e nossa eficácia espiritual.

Tendo isso em mente, comece a construir uma sólida base espiritual, emocional e relacional para sua vida. Cancele alguns compromissos. Diga aos seus filhos que esperem um pouco. Ore. Abra a Bíblia. Faça uma corrida. Coma algo saudável. Passe tempo refletindo e escrevendo um diário. Ouça músicas inspiradoras. Encontre-se com alguém que enriqueça sua vida.

A única forma que conheço para realizar essas coisas é agendar um tempo para elas. Na minha realidade, hoje, separo os primeiros 30 a 60 minutos do meu dia lendo as Escrituras, orando e refletindo. Não quero que isso pareça ser mais espiritual do que realmente é. Sigo um plano de leitura da Bíblia que me leva entre três e cinco passagens diariamente. Não sou tão disciplinado assim para ler a Bíblia toda em um ano se não seguir um plano. Caso me descuide, minha vida espiritual pode se desorganizar e cair na rotina de criar listas de tarefas ou de ter pensamentos aleatórios que são meio que considerados como orações. E minhas reflexões podem me levar a qualquer lugar. Mas, mesmo assim, o ritmo dessa disciplina mantém minha bússola na direção certa.

Também separo tempo para atividades como andar de bicicleta, caminhar e até mesmo cuidar de meu jardim. Quase sempre faço as atividades sozinho. Às vezes coloco fones de ouvido e ouço um podcast ou um audiolivro. Outras vezes, toco minha playlist favorita. Ou ainda, há vezes em que apenas fico em silêncio. É aí que, além de ter minhas melhores inspirações, desenvolvo algumas de minhas melhores orações e reflexões. Estar só em um espaço amplo e ao ar livre me faz pensar sobre as questões mais profundas que esteja enfrentando na vida e sobre a liderança de tal forma nunca alcançada em um escritório ou em casa.

Passar um tempo com amigos para deliberadamente refletir, trabalhar em seus problemas e até orar juntos é um tempo bem gasto. Esse tipo de relacionamento é raro e precisa ser cultivado. Quando você tem um relacionamento assim, seu valor fica imediatamente aparente.

Momentos como este nunca acontecerão se não agendá-los. É por isso que você precisa decidir sobre como passará seu tempo antes que todos os outros decidam por você. Seja o que for que você precise para garantir que terá tempo para desenvolver seu caráter, faça isso. Mesmo que sejam alguns minutinhos espremidos de seu horário para refletir, orar, examinar, confessar, aprender, crescer, planejar e mudar, já será algo maravilhoso.

Rumo a uma Vida sem Concessões

Olhar para dentro de si e perceber quem você se tornou geralmente causa uma dor profunda, mas a recompensa é enorme. O trabalho de sua alma na regeneração de caráter é de vasto alcance, além de ser a essência do que os cristãos frequentemente chamam de maturidade. Para muitos da cultura ocidental, a maturidade espiritual tem sido definida pelo grau de conhecimento que alguém tem sobre as Escrituras, sobre Deus e sobre a fé cristã. Tristemente, as pessoas que afirmam ter a maturidade cristã geralmente são aquelas que criticam, criam separações e são hipócritas. Nem de longe isso é maturidade. Na verdade, é exatamente o oposto.

Jesus tinha uma finalidade muito diferente para os espiritualmente maduros. Ele não definiu maturidade pelo quanto você *sabe*, mas pelo quanto *ama*.[6] Trabalhar em seu caráter o dobro do tempo que passa desenvolvendo suas competências o levará ao lugar onde o amor de Deus o regenera por completo.

Pense nas coisas que são transformadas em sua vida quando você se compromete com o desenvolvimento de seu caráter: honestidade, amor, bondade, fidelidade, confiança, humildade, compaixão, coragem, fé, resiliência, paciência, perseverança, autocontrole e autodisciplina. São essas coisas que formam seu caráter e que, em última instância, determinam sua capacidade.

É só perguntar a alguns dos grandes atletas que não podem mais jogar.

É só conversar com alguns executivos desempregados.

É só perguntar ao político que teve que renunciar a seu cargo.

É só perguntar ao ator com quem ninguém quer trabalhar.

É só perguntar ao pastor que não tem púlpito para pregar.

A competência nos faz chegar lá. O caráter nos mantém lá. Para todos nós, é o caráter que determina como seremos lembrados. Mais importante ainda, é em nosso caráter que Deus está mais interessado. Pare com as concessões que estão acontecendo em sua vida e, finalmente, você acabará com o espaço entre quem você é e quem deseja ser. Sua vida interior finalmente começará a estar sincronizada com sua vida exterior. Você não apenas experimentará uma paz recém-descoberta e até uma humildade e autorrespeito profundos, mas também mudará seu legado. As pessoas mais próximas serão as mais agradecidas por você.

Parte III

DESCONEXÃO

5

TEM ALGUÉM AÍ?

Por que Nos Sentimos Tão Sós

Lembro-me de quando peguei meu primeiro smartphone, na época que o BlackBerry era o rei do pedaço. Meu modelo era o primeiro com tela colorida que a marca havia lançado. Fiquei hipnotizado. De repente, podia estar conectado em qualquer hora e lugar. Mesmo durante o jantar. Mesmo na noite da família. Mesmo nas férias. Como pode imaginar, minha família não ficou nem de perto tão encantada com meu novo telefone quanto eu. Nos dias antes do iPhone, eu era o único na casa com um aparelho e só via as coisas sob minha perspectiva. Ignorava totalmente as pessoas enquanto deslizava e clicava na tela, pensando que minha tecnologia era a melhor coisa de todos os tempos.

Tudo isso mudou quando, alguns anos depois, meus amados todos ganharam suas próprias telas e dispositivos. De repente, comecei a me sentir ignorado. Não podia acreditar que Toni ficava enviando mensagens para uma amiga enquanto estava ao meu lado no carro, em vez de participar de uma fascinante conversa comigo. Ou ainda, que mal respondia algo que eu perguntara antes do jantar, enquanto ela deslizava a tela vendo sua mídia social favorita.

Ficava perplexo quando tentava ter uma daquelas conversas sobre o significado da vida com um de meus filhos à mesa da cozinha e ele olhava para cima de vez em quando e resmungava concordando, fora de hora, enquanto ficava rindo de qualquer besteira que seus amigos estivessem dizendo online.

Não há nada tão estranho quanto o fato de as pessoas tratarem você tão mal quanto você as trata frequentemente. Isso causa uma indignação que apenas os hipócritas conseguem realmente apreciar. Mal sabia que o que comecei a experimentar naquela época seria o novo normal para quase todos.

Nunca Estivemos Tão Conectados

Não é necessário dizer que, em quase todos os lugares que você for, as pessoas estarão mirando fixamente seus aparelhos. Casais que saem para jantar ignoram um ao outro enquanto esperam pela entrada, deslizando sem parar as imagens, com um olhar vago. De tantas maneiras, isso é um paradoxo. Nunca estivemos tão conectados em termos de cultura, contudo nunca nos sentimos tão desconectados. A maioria das pessoas está conectada com centenas e até milhares de pessoas nas mídias sociais e outras plataformas online. Consequentemente, agora todos nós temos amigos que nem são amigos de verdade; estamos apenas *conectados*, independentemente do que isso signifique.

Há algum lado positivo nisso? Claro. Adoro poder aprender com os melhores especialistas do mundo, em qualquer horário. Gosto de poder enviar uma mensagem para um amigo que mora a milhares ou dezenas de milhares de quilômetros de distância. Curto poder ficar atualizado sobre tudo, incluindo sobre as férias, a vida profissional e os momentos em família das pessoas — mesmo que seja o que elas estejam fazendo em uma terça-feira às 15h.

Porém, assim como você, isso também significa que, com mais frequência do que desejaria, estou mais concentrado nas pessoas "virtuais" do que naquelas que estão perto de mim. Ficamos estranhamente acostumados a aparelhos que vibram, tocam e piam em nosso bolso. O vibrar constante não respeita tempo ou ocasião. Ele não se importa se está interrompendo o almoço, um piquenique na praia, sua música favorita, uma conversa vivificante na varanda de casa, ou até o sexo. Nossos aparelhos têm uma capacidade incrível de interromper qualquer coisa que seja importante.

O mais importante para quase todos nós é que uma desconexão desonesta está acontecendo. Nós estamos nos conectando com indivíduos, não apenas aqueles que estão próximos de nós. Estamos conversando, não apenas com as pessoas que mais amamos. Como resultado, estamos sacrificando o horário nobre para estarmos com pessoas que não podemos abraçar, tocar ou ver face a face. Talvez estejamos prestando mais atenção em alguém que conhecíamos na faculdade do que nas pessoas que estão mais próximas de nós agora.

Vivemos em um mundo onde é possível termos 500 amigos e ainda nos sentirmos isolados e abandonados. A *solidão* é um presente de Deus. A isolação, não — é uma ferramenta do Inimigo. Culturalmente falando, quanto mais conectados estamos, mais isolados nos tornamos. Este é nosso estranho paradoxo do século XXI: estamos conectados com mais pessoas do que jamais estivemos e nunca nos sentimos tão sós.

DE QUEM É A CULPA?

É fácil apontar o dedo para a tecnologia e censurar sua maldade. Os pais ficam desesperados por causa do vício que seus filhos adolescentes e pré-adolescentes têm em jogos ou mídias sociais. Cônjuges colocam a culpa dos problemas matrimoniais nas telas de cinco ou seis polegadas que seus parceiros não conseguem largar. O problema, afinal, deve ser a tecnologia. Porque certamente não nos comportávamos assim quando éramos crianças. Nossos pais nunca tinham problemas desse tipo.

Claro, há evidências surgindo que mostram que nossa obsessão pela tecnologia não nos faz bem. Ex-executivos do Vale do Silício estão vindo a público e dizendo que ela não faz bem para nosso cérebro, para nossos relacionamentos e até para nossa habilidade de concentração e de realização de um trabalho pleno. Um número crescente de pessoas da indústria tecnológica está começando a falar contra as próprias coisas que elas criaram. Compartilho dessas preocupações também, cada vez mais.

Mas seria tão simples assim? Apenas jogar nossos aparelhos fora e tudo melhora? Vamos com calma. Pensemos na tecnologia considerando suas nuances mais finas. E se, apesar de seus desafios e perigos, a tecnologia não é nem boa ou ruim, mas ela apenas revela e amplifica o que já existe?

Até certo ponto, dizer que a tecnologia é má não seria o mesmo que dizer que o papel é mau? Ele tem sido usado para escrever cartas de amor e ameaças de morte, constituições e declarações de guerra. O papel foi transformado em aviõezinhos por alunos do fundamental e feito de acendedor de fogo pelos incendiários. O papel é mau? É quase impossível dizer que sim.

Da mesma forma, os casais já se separavam muito antes de começarem a achar o par perfeito online e as famílias já tinham problemas de comunicação há gerações, antes de os videogames capturarem a mente e os dedos dos garotos pré-adolescentes.

A tecnologia faz muito bem o papel de revelar o que já existe dentro de nós. Se você é narcisista por natureza, a mídia social lhe oferece uma nova plataforma para expressar seu egocentrismo. Caso tenha uma tendência a ser workaholic, sempre terá acesso ao seu escritório enquanto leva seu aparelho aonde for. Se você tem uma inclinação a procurar intimidade fora do casamento ou de seu relacionamento atual, está mais fácil do que nunca fazê-lo e exige muito menos coragem do que antigamente. A tecnologia não *criou* esses problemas, ela apenas os revela e os amplia. O que estamos enfrentando não é um problema tecnológico, mas um problema humano.

Em contrapartida, a tecnologia também pode revelar e ampliar coisas magníficas. Ela nos fornece o meio para ajudarmos os outros e chama a atenção a causas importantes. Permite que façamos um financiamento coletivo para ajudar os necessitados ou aqueles que querem inovar. Nos habilita para nos comunicarmos com amigos e familiares que estão distantes. Ela pode nos manter informados sobre assuntos vitais ao redor do mundo. E pode expandir os horizontes de indivíduos que têm pouco acesso à informação ou à educação. Em essência, a tecnologia é como o dinheiro: é um mestre terrível, mas um ótimo servo. A tecnologia pode ser usada para coisas tremendas, e pode ressaltar nossas piores inclinações.

Um Problema Antigo

Voltemos no tempo um pouco mais. Antes de ter meu primeiro smartphone, eu *já* tinha uma propensão para ser mais desconectado relacionalmente com as pessoas ao meu redor. Meu novo aparelho apenas me apresentou uma maneira mais conveniente de fazer isso. Ele não alimentou minha autodesconexão; apenas revelou o que já existia.

Meu desafio volta-se à minha infância. Nasci no sítio, e alguns anos depois, minha família mudou-se para uma casa novinha, térrea e de três quartos, na cidade. Amava essa casa. E amava os amigos que fiz quando comecei na escola, quando jogava baseból, escalava montes de areia e andava de bicicleta. Só que essa temporada muito apreciada e bem conectada de minha vida não durou muito.

Recordo-me do dia em que uma placa de "vende-se" apareceu no nosso jardim. Meu amigo Jack e eu conversávamos sobre como seria ruim eu ter que me mudar. Ele era um grande amigo, e eu não poderia mais vê-lo. Queria estraçalhar aquela placa sobre o gramado com todas as forças que um garoto de oito anos de idade possa ter, e jogá-la fora. Mas fiquei muito receoso, medroso e obediente para sequer tentar.

Alguns meses depois, nos mudamos para uma nova casa em outra cidade. Comecei novas amizades e meu novo melhor amigo morava a apenas algumas casas ao lado. Foi rápido desenvolver a amizade com Robbie e passávamos o máximo de tempo que podíamos juntos. Dezoito meses depois, meu pai teve uma nova oportunidade, dessa vez a 480km dali. Outra casa vendida, e após cinco horas viajando no carro chegamos ao nosso novo lar. Ou quase isso. A casa ainda não estava pronta e acabei terminando o 4º ano em uma escola à qual sabia que não voltaria mais.

Tivemos ainda outra mudança, para um lugar a apenas alguns quilômetros de distância, mas adentrando um novo distrito escolar, o que significava que eu começaria o 5º ano com uma turma toda nova de colegas. Lembro-me de tomar uma decisão específica certo dia durante o

5º ano: nunca mais faria novos amigos. Era doloroso demais. Conseguiria me virar sozinho.

Ironicamente, passei os três anos seguintes naquela escola, completando o ensino fundamental lá. Embora tenhamos nos mudado de casa mais algumas vezes, nunca saímos do limite daquele distrito escolar, e passei ao ensino médio com vários colegas já conhecidos. Mesmo assim, parecia que nunca me encaixava. Fazia parte do círculo de amizades do pessoal mais legal do colégio, mas sentia que não pertencia de verdade. Parecia que era um intruso permanente. Foi ali que minha tendência de manter as pessoas afastadas se estabeleceu. E tenho lutado contra isso por toda minha vida.

Não tenho raiva dos meus pais ou de Deus por nada daquilo. Acredito que Deus usa e redime todas as coisas, incluindo decisões tolas feitas por crianças de dez anos de idade para nunca mais fazer amigos. O que quero dizer é que a tendência de desconexão está profundamente arraigada em mim.

Também sou tão obcecado com tecnologia a ponto de ficar acordado de madrugada para fazer o pedido do aparelho mais recente que foi lançado no dia. Meu cemitério eletrônico é gigante. O uso que faço da tecnologia apresenta minha tendência para desconexão em carne e osso. E caso não tome cuidado, é para aí que acabo voltando repetidas vezes.

Minha infância foi bastante incomum. Todos conhecíamos crianças cujas famílias estavam profundamente desconectadas. Era o pai que pegava uma cerveja e isolava-se na garagem para trabalhar em seu Camaro ano 68, um projeto que parecia nunca terminar. Ou a mãe que nunca saía do telefone e ia ao shopping fazer compras o dia todo sozinha. Ou a irmã que trancava a porta de seu quarto e não saía mais. Ou o irmão mais velho que sempre estava na casa dos outros colegas e raramente na sua.

A distância entre humanos é um problema bem antigo. Muito antes de haver um aparelho no bolso de todo mundo, o hábito de ficar na varanda em frente à casa foi trocado pelo isolamento do quintal nos fundos. Muitas pessoas fecham o portão após o trabalho e isolam suas vidas. Em muitos bairros, vizinhos de muro nem mesmo se conhecem — e nem sabem o nome um do outro.

Uma das grandes ironias de nossa época é que a regulação típica para que um veículo com alta ocupação possa usar a faixa especial nas rodovias da América do Norte é que haja *duas* pessoas dentro. Pense nisso: *alta* ocupação é você mais outra pessoa. E adivinhe: na maioria das vezes, você não pode usar a faixa porque não preenche os requisitos. O mesmo ocorre com o resto da humanidade. Milhares de pessoas podem estar em nossa proximidade ou quase grudadas, mas, de alguma forma, todos nos sentimos um pouco mais solitários. O problema é mais profundo do que a questão digital.

JÁ ASSISTIU *OS PIONEIROS*?

Como você verá mais adiante neste livro, sou fã da mudança. Sem ela, ficamos estagnados ou até morremos. E embora os resultados da mudança sejam sempre variados, ela trouxe muitas coisas boas ao mundo. Mas a mudança causa baixas também.

Meu avô nasceu em 1889 e morreu em 1977. As mudanças que ele viu enquanto estava vivo devem ter sido impressionantes por vezes. Ele nasceu em um mundo de cavalos e charretes, mas chegou a contemplar um planeta cheio de carros, aviões e viagens espaciais, sem mencionar a chegada de empresas, então emergentes, como a Apple e a Microsoft.

Talvez o que seja mais impressionante do que a revolução tecnológica acontecendo perante nossos olhos seja a velocidade com que ela acontece. Cem anos atrás, quando meu avô era um jovem adulto, as pessoas eram consideradas sortudas caso tivessem lido informações equivalentes a cerca de 50 livros durante a *vida a toda*.[1] Pense nisso por um momento. As pessoas em geral não leem muito, frequentemente não porque lhes falte o desejo ou a capacidade, mas porque não têm acesso à informação.

Imagine o ritmo de vida em 1898. Seu círculo de amigos era pequeno e local, muito provavelmente composto pelas pessoas que moravam nas redondezas. Talvez você viajasse algumas dezenas de quilômetros em um dia até a vila mais próxima para negociar, comprar ou visitar algum parente, mas isso era raro e especial. Você ia dormir logo após o pôr do sol e levantava-se junto do amanhecer. Via as mesmas pessoas dia após dia no mercado, na rua ou na igreja. E quando não passava longas horas trabalhando, você estava envolvido em conversas, jogando, ouvindo músicas, tricotando, costurando, lendo ou realizando seu hobby.

Se quiser ver uma amostra do ritmo e sabor que a vida tinha há mais de um século, faça o possível para assistir o episódio-piloto de *Os Pioneiros*, com duas horas de duração. Não assisto muita TV, mas recentemente estava vendo as opções de programas e encontrei *Os Pioneiros*, e, por algum motivo que ainda não sei explicar, impulsivamente comprei a série inteira. Enquanto assistia o primeiro episódio, fiquei impressionado com várias coisas, mas principalmente com o ritmo. O programa representa os anos 1870 e 1880, apenas algumas décadas antes de meu avô nascer, e o ritmo é devagar... na mesma velocidade de um bicho-preguiça. É tão devagar que quase não há um enredo. A família cuida da propriedade em Minnesota, mas além disso, a história resume-se a: "Cortei madeira hoje. Tem caldo de galinha para o jantar? Vamos todos nos sentar para remendar as meias".

A cinematografia, a música e o desenrolar das histórias também me impressionaram. Seguindo a tendência dos programas gravados nos anos 1970, a música é lenta, as cenas são lentas e os diálogos são, bem, muito lentos. A câmera fica muito tempo focando o mesmo personagem, sem fazer as tomadas diferentes para captar as reações faciais ou realizar as edições de corte. O drama, tal qual ele é, desenrola-se em um ritmo de férias. Gráficos computadorizados e dublês? Bem... a diferença entre aquele programa e o filme mais recente de super-heróis é assombrosa — e, acredito, revigorante.

Se há algo que *Os Pioneiros* nos ensina é o quanto a vida mudou ao longo das décadas — não apenas desde o final dos anos 1800, mas também desde que o programa foi filmado, nos anos 1970 e 1980. Há tantos momentos calmos em *Os Pioneiros*, tantas possibilidades de relacionamentos, tantas conversas fáceis e tanto tempo para cuidar do jardim! Tudo isso, francamente, está longe de quase todos nós atualmente. Talvez, acima de tudo, esse programa de televisão nos mostre como perdemos a conexão com as outras pessoas.

A MORTE DE DOIS BONS AMIGOS

Isso tudo nos leva a duas perguntas importantes: o que as rápidas mudanças de ritmo e a conectividade instantânea com milhões de pessoas estão realmente nos *causando*? O que está acontecendo com nossa alma, com nossa intimidade, *conosco*?

Em um nível macro, estamos lidando com questões que provavelmente não poderemos diagnosticar, muito menos resolver, por décadas. Os livros de história apresentarão uma perspectiva mais incisiva sobre nossa época do que conseguimos apurar no momento. Essencialmente, somos os pais da tecnologia — inventamos todas essas coisas —, porém também somos seus filhos. Criamos coisas que não entendemos totalmente e não sabemos ao certo como nos relacionar com elas. E isso está nos mudando. Suspeito que parte disso esteja expondo a raiz de nossa desconexão. Durante minha vida, percebi o declínio — talvez a quase morte — de duas coisas vitais que vejo escorregando cada vez mais profundamente ao abismo a cada ano que passa. Seu desaparecimento pode ser parte do motivo pelo qual as pessoas sentem-se tão distantes umas das outras.

1. O Desaparecimento da Conversa Genuína

As boas conversas são uma arte bonita. Elas envolvem a troca de ideias entre duas ou mais pessoas que se importam o suficiente com a outra a ponto de ouvi-la, além de falar. Tristemente, as conversas parecem estar regredindo e transformando-se em uma troca de monólogos entre pessoas que não aparentam estar completamente interessadas umas nas outras. As pessoas hoje parecem estar falando *para* a outra pessoa, em vez de estar falando *com* a outra pessoa. Da próxima vez que estiver em uma conversa com alguém, espere para ver com que frequência farão uma pergunta para você. Pode ser uma pergunta simples, do tipo "Como você está, de verdade?" ou "Que fantástico — me conta mais!" As perguntas são momentos decisivos para as grandes conversas e conexões intrigantes entre as pessoas.

Alguns anos atrás, comecei a perceber que as pessoas faziam cada vez menos perguntas significativas durante as conversas, em comparação com minhas observações mais antigas. No geral, as pessoas apenas soltam uma sequência de minimonólogos que não têm nada a ver com os indivíduos com quem estão conversando. Isso é um sinal de um desinteresse genuíno pelas experiências e histórias do ouvinte. Procure esse padrão de monólogo se fazendo passar por diálogo e você começará a vê-lo em todos os lugares: em festas, em conversas casuais, nos jantares com amigos e com sua família. As pessoas vão conversando com uma pessoa após outra, aparentemente com um total desinteresse ou alheias aos indivíduos com quem estão falando. Não me recordo de as conversas serem tão fracas ou deprimentes assim uma ou duas décadas atrás. Contudo, algo no profundo de nossa natureza nos lembra que estimular a conversa deve ser algo recíproco.

E então, de onde vem esse declínio? Minha teoria é que acabamos nos acostumando a postar atualizações de status, dizendo ao mundo o que estamos pensando. A mídia social transformou todos nós em miniemissoras. Por mais "social" que a mídia social seja, ela ainda é, em grande parte, apenas um monólogo. A maioria das pessoas conta, em vez de perguntar. E quando você entra na briga com um comentário, é geralmente apenas para mostrar seu ponto de vista, ideia ou estado de espírito atual.

Penso que agora pegamos o que fazemos nas mídias sociais e transportamos isso para as interações humanas ao vivo. Começamos a presumir que as outras pessoas estão infinitamente interessadas em nossa vida da forma que aparentam estar no mundo online. Em nossa mente egoísta, somos todos estrelas de Hollywood e nossa vida é incansavelmente interessante para os outros ou, pelo menos, estamos inseguros demais para admitir que seja de outro modo. A conversa tornou-se uma coletiva de imprensa com qualquer um que pareça estar ouvindo.

Infelizmente, isso insensibiliza a alma não apenas de nossos ouvintes, mas também a sua e a minha, como falantes. Se sua conversa só acontece com monólogos, em algum momento você acabará sentindo uma perda profunda. Você nunca descobrirá a alegria de se engajar de verdade com outro humano. Deixará passar outras ideias, pontos de vista contrários e perspectivas fascinantes que nunca havia considerado antes. Nunca descobrirá como as pessoas com as quais você supostamente se preocupa estão indo. Deixará passar o amor e o encanto um do outro.

2. A Morte da Confissão

Além da morte das conversas genuínas, há outra perda ainda mais profunda acontecendo: o desaparecimento da confissão. Dependendo de seu contexto, talvez você pense em confissão como algo que acontece em uma cabine que parece uma caixa na qual você divulga todos seus pecados para um padre. Outras pessoas não estão familiarizadas com esse tipo de prática, então elas tendem a fechar a boca sobre seus pecados publicamente e, na realidade, tampouco fazem muito em relação a eles no particular... até que cometem a ofensa novamente. Nem mesmo a confissão real está em seus melhores dias. O tipo de confissão a que me refiro tem um significado muito mais amplo e profundo. Embora a relação entre confissão e sentir-se desconectado possa parecer ser tênue, aguente um pouquinho mais aí. As duas estão muito mais conectadas do que você possa imaginar.

A confissão é a parte da oração e da vida em que vamos perante Deus e perante outra pessoa para admitir tudo o que não somos: nossas falhas, nossos pecados intencionais e as miríades de pecados não intencionais. Quando confessamos nossa falência, admitimos que não somos tudo aquilo que fingimos, esperamos ou podemos ser. Assumimos a responsabilidade pelo fato de sermos um desastre.

A confissão é algo difícil por muitos motivos e nas melhores das circunstâncias. Mas culturalmente falando, temos a tendência de resistirmos à ideia de que ela seja necessária. Desenvolvemos uma alergia coletiva ao uso da palavra *pecado* em nossa vida. Afinal, ninguém mais comete erros mesmo. Sempre há um bode expiatório. Pode ter sido sua infância difícil, seu pai ausente, sua mãe autoritária ou seu chefe que não gostava de você. Pode ter sido seu primeiro cônjuge e, mais recentemente, o segundo que está causando toda a angústia em sua vida. Definitivamente, não é você.

Evitamos a confissão porque ela requer que nos olhemos no espelho. Ela exige a revelação de nosso eu verdadeiro, que não queremos que ninguém veja. Este é o eu que Deus adoraria ver você levando a ele, mas você (e eu) resolutamente se recusa a se entregar. Este caminhar para longe da confissão faz com que a maioria de nós fique em um estado precário, principalmente os adultos, adolescentes e crianças mais jovens que foram criados em uma sociedade que ignora o pecado. Além do mais, para algumas poucas gerações agora, os pais abraçaram uma filosofia que felicita e elogia a criança por praticamente tudo o que ela faz, com um desprezo aparente pelo real desempenho, habilidade ou esforço que ela tenha.

Conforme o Dr. Tim Elmore registrou, o narcisismo está cada vez mais em voga entre jovens adultos e crianças: "Nos anos 1950, quando perguntaram aos adolescentes se eram uma 'pessoa muito especial', menos de 10% responderam que sim. Cinquenta anos depois, mais de 80% responderam positivamente". Elmore diz que a abordagem que utilizamos na educação dos filhos está produzindo uma geração que sofre de "alta arrogância e baixa autoestima".[2] A autoestima saudável é desenvolvida quando o elogio está ligado a uma realização e esforço reais, Elmore complementa. Essa é uma compreensão muito mais saudável do eu, porque ela reconhece o papel vital que a derrota, a luta e a confissão têm em nossa vida.

Eis o que percebi em minha vida: a confissão e o progresso estão inexoravelmente ligados. Não há como lidar com algo que não confessamos. Se pensar mais profundamente sobre isso, são as coisas que você se recusa a confessar que arranham os relacionamentos que são importantes para você. Sua indisposição para lidar com palavras críticas convida a discordância para o centro de seu casamento. Seu egoísmo constrói um muro entre você e seus filhos, para não mencionar seus amigos. O ciúme e a inveja fazem com que seja impossível celebrar as realizações de qualquer outra pessoa, e, em consequência, suas amizades tornam-se superficiais ou terminam.

É como se nossa cultura tivesse criado o palco perfeito para a desconexão. Todos carregamos a ilusão de que estamos profundamente conectados através de nossos aparelhos, contudo, e ao mesmo tempo, nossa obsessão (sempre justificada) por nossas próprias histórias está nos levando a ignorar os outros e nos recusar a confessar a raiz de nossos problemas. Afinal, nunca somos nós, não é?

Não é surpresa que nos sintamos tão desconectados.

Nossa falta de confissão nos desconecta de Deus, de nossos semelhantes e de nós mesmos. E então, o que fazer? Simplesmente desligar todos os nossos aparelhos, ir viver em uma montanha e comungar com a natureza? Muito difícil. Mas você pode tentar algumas das coisas que conto a seguir.

6

LIVRAR-SE DO SEU TELEFONE NÃO VAI ADIANTAR

*A Necessidade de Resolver o
Problema Humano*

Você pode até pensar que a cura para a desconexão é apenas deixar o telefone de lado. E, é claro, isso ajuda. Já experimentei períodos de abstinência tecnológica e obtive um sucesso moderado. É possível viver sem tecnologia por alguns dias ou mais. Podemos aprender a viver sem a constante necessidade de ver o que está acontecendo fora de nosso entorno imediato.

Porém, livrar-nos da tecnologia não é a solução real para nossos problemas. É como viver no início do século XX achando que sempre terá seu cavalo e charrete. Como as pessoas daquela geração perceberam, o motor de combustão interna não sairia de cena tão cedo. E nem sairão a internet e os aparelhos eletrônicos de nossos dias. O desafio não é *resistir* à mudança, mas aprender como *se desenvolver* em meio a ela. Afinal, a desconexão é um problema humano. A tecnologia apenas a piora.

Por isso, vamos retomar de onde paramos no capítulo anterior, quando dissemos que a confissão é um conduíte à conexão. O desafio é parar de culpar os outros e assumir a responsabilidade pelos seus próprios pecados. A culpa é insidiosa, uma vez que ela continuará aparecendo em sua mente para convencê-lo de que você não tem culpa de nada.

Após refletir sobre isso por anos, consegui entender as diferenças críticas entre quatro conceitos-chave: desculpas, razões, explicações e justificativas. As *desculpas* têm sua gênese na razão pela qual as coisas não saíram como esperávamos. Sim, seus pais se divorciaram quando você tinha 6 anos de idade. Claro, seu técnico nunca o colocou para jogar quando você merecia jogar. Não, não é justo que outros colegas da faculdade tiveram seu curso pago por alguém enquanto você não pôde escolher a faculdade que queria. Mas esta é a pergunta que precisa ser respondida: quando é que as circunstâncias passadas vão parar de definir seu presente e seu futuro? Em algum momento, suas circunstâncias precisam parar de funcionar como desculpas.

As *razões* funcionam de modo similar, só que no tempo presente. Sim, há razões pelas quais seu casamento é ruim. Há razões para você ter uma autoestima baixa. Há razões para ter dificuldades no trabalho. Sei disso. Contudo, por mais reais que essas razões sejam, na maioria das vezes, em nossos pensamentos e orações, nos concentramos naquilo que *não podemos* controlar. Exigimos que nosso cônjuge mude, que nossos filhos nos tratem melhor ou que nosso chefe tenha um comportamento justo. Mas quando você vai parar de colocar sua atenção nas coisas que não pode controlar e começar a se concentrar naquilo que *pode* controlar? E se, durante um mês, você orasse apenas sobre o que está dentro de seu controle? Bem, para começar, acho que pararia de dar desculpas.

Sendo assim, você pode perguntar: o que devo fazer? Apenas ignorar meu passado? Fingir que nunca me divorciei? Fingir que meu coração nunca foi partido? Negar as coisas ruins que aconteceram ao longo do caminho? Absolutamente não. Porém, em vez de usar essas experiências como *desculpas*, tente enxergar esses momentos cruciais de sua vida como *explicações* que podem levá-lo à transformação. O linguajar da explicação é diferente do linguajar da desculpa. As explicações carregam em si um tom de indagação.

Thomas Edison passou por milhares de tentativas frustradas até produzir uma lâmpada melhor, e, mesmo assim, ele nunca considerou aquelas tentativas frustradas como justificativas para abandonar o projeto; cada uma tornou-se mais uma explicação que o levou à descoberta que revolucionaria o mundo. Edison disse celebremente: "Não falhei 10 mil vezes. Não falhei nenhuma vez. Fui bem-sucedido em provar que essas 10 mil maneiras não darão certo. Ao eliminar as maneiras que não darão certo, descobrirei a maneira que funcionará."[1] As explicações são o combustível do curioso, do valente e do determinado. Ao buscar uma explicação sobre por que você está tendo dificuldades em confiar nas pessoas ou em abrir seu coração a elas, você pode progredir. Seu passado estará sendo usado como um degrau para o futuro, e não como uma barricada contra ele.

Quando você para de usar seu passado como justificativa, começa a perceber que talvez, e apenas talvez, você tenha alguns problemas pelos quais é o responsável. É certo que você não causou o divórcio de seus pais, porém escolheu ficar agarrado à dor muito além do prazo de validade dela. Você se recusou a olhar para dentro de si, perdoar, pedir que Deus o ajudasse no processo de cura. Quando começa a confessar suas falhas, sua recusa em dar desculpas ajuda em seu progresso. Você está confessando seu papel, e está mudando por causa disso.

As pessoas saudáveis tratam as razões como explicações, e não como justificativas. As justificativas nos levam à estagnação e, mais adiante, à negação total ("Não sou responsável por nada disso") ou à autopiedade ("Pobrezinho de mim; vou ficar preso nisso para sempre"). A autopiedade fará qualquer coisa que o desencorajamento sugerir.

Milhares de pessoas enfrentam as mesmas circunstâncias todos os dias. A maior diferença entre aqueles que progridem e aqueles que dão desculpas é como eles lidam com as razões para as circunstâncias. Você pode escolher: pode ver uma razão como uma justificativa que leva à estagnação ou como uma explicação que leva à transformação. Comece a confessar seu papel. Comece a deixar o passado para trás. Comece a assumir suas falhas. Porque você pode dar desculpas ou pode progredir, mas não dá para fazer os dois.

Fomente a Arte da Conversa

Uma vez que começar a confessar seus pecados, passará a ver a si mesmo como o problema, assim como verá a transformação que Deus faz em você como a solução para seus relacionamentos. Isso também reduzirá seu egoísmo e sua autojustificação. Você começará a desenvolver uma simpatia pelos outros que deve transformar suas conversas e passará a fomentar relacionamentos melhores. Uma conversa vivificante é uma via de duas mãos na qual as pessoas trocam um interesse ativo uma pela outra. Pense nisso como se fosse uma partida de pingue-pongue. Se você ficar com a bola parada do seu lado, não será de fato um jogo.

E se a conversa não for compartilhada mutuamente, se você continua gentilmente enviando perguntas e não recebe nada em troca, apenas respostas prolixas? Seja o mais maduro no momento e continue fazendo perguntas. Uma pessoa, mesmo que remotamente sadia, com o tempo entenderá a mudança na dinâmica e começará a fomentar a mutualidade no diálogo. Uma pessoa egoísta ou que não seja sadia não entenderá.

E o que fazer com esses conversadores egoístas? Bem, você pode escolher seus amigos, mas não dá para escolher sua família ou seus colegas de trabalho. Provavelmente terá alguns relacionamentos forçados durante sua vida. No entanto, até mesmo aquelas conversas frustrantes podem ser exercícios tanto para o crescimento da humildade como da espiritualidade. Quando você se interessa pelos outros mais do que por si mesmo, é uma pequena forma de morrer para si mesmo, algo muito próximo à essência de Cristo. Ao abrir mão de sua vida, algo grande surge.

Para mim, o sentimento de que uma conversa não está indo a lugar nenhum carrega em si um alicerce para meu julgamento e até arrogância. Apenas presumo que sou melhor, mais esperto, mais sábio ou que tenho uma inteligência emocional maior do que os outros. O que, é claro, deveria me levar de volta a ficar de joelhos em confissão. Afinal de contas, somos encorajados a pensar nos outros como melhores do que nós mesmos. Esse é o hábito fundamental do humilde.[2]

Além dessas coisas que já expus, várias outras acontecerão quando você elevar o nível da conversa com as pessoas ao seu redor. Primeiro, você realmente aprenderá mais sobre como os outros são, o que fomentará uma conexão significativa com eles. Segundo, as pessoas estão sedentas por conversas verdadeiras. Você descobrirá que seus relacionamentos se tornarão muito mais vivificantes. Terceiro, você irá além daquele tipo de conversa que fica no gentil "Como vai?" e começará a conversar sobre assuntos mais profundos. O assunto não será apenas sobre pessoas e eventos, mas começará a ser uma conversa vivificante sobre ideias, possibilidades, verdade, sonhos, esperanças e ambições. Seu nível de pensamento se elevará. Finalmente, você até perceberá que as pessoas virão até você, considerando-o um amigo, confidente ou mentor. A habilidade para realizar uma conversa significativa é tão rara em nossos dias que quando as pessoas encontram alguém assim, parece que descobriram um tesouro, o que, obviamente, é verdade.

DESCONECTE-SE PARA CONECTAR-SE

Outra maneira de conectar-se com outras pessoas é desconectar-se da tecnologia de vez em quando. Lembre-se do que eu disse anteriormente: sou viciado em tecnologia e amo minhas bugigangas eletrônicas. Mas, alguns anos atrás, me converti relutantemente à disciplina da desconexão. A insídia de ter o trabalho ao meu dispor em qualquer lugar que caminhar, sentar ou correr afeta profundamente minha alma e meus relacionamentos. Mesmo se não estiver trabalhando, sei que poderia estar. E a tentação de trabalhar cria uma urgência e uma obsessão constantes, às quais é difícil resistir.

Fazendo um flashback aos meus dias do BlackBerry... Adoro a reação de minha família com relação à obsessão que tinha com meu primeiro smartphone: todos eles saíram de cena para preservar o relacionamento comigo. Enquanto me conectava com um monte de pessoas, não estava me conectando com as mais importantes — minha família. Eles estavam brigando por um espaço em meu coração. Como desejo ter percebido o que estava acontecendo antes, mas fico muito feliz porque *eles* perceberam.

Ao longo dos últimos anos fiz mudanças drásticas na maneira que nos relacionamos em família, reconhecendo como a tecnologia está cada vez mais e, de forma dramática, afetando nossa vida pessoal. Quero ter certeza de que qualquer aparelho eletrônico que eu use enriqueça minha vida — especialmente minha vida em família —, não que a destrua. Sendo assim, quero compartilhar algumas estratégias que aprendi para garantir que a tecnologia não me domine, como costumava ser antes:

- Todos os integrantes da minha família e eu desligamos tudo (com exceção da música de fundo) durante o jantar. Nada de telefones ou TV — só conversa e comida. Tentamos comer em casa, em família, cinco ou seis vezes por semana. É uma refeição ao estilo "sente-se e converse". Recentemente reformamos nossa cozinha para que ficasse mais fácil cozinharmos e comermos juntos. Em vez de cozinharmos *para* nossos convidados o tempo todo, remodelamos o espaço para que seja mais fácil fazermos as refeições juntos — uma experiência compartilhada. Em uma era de distração e atividades frenéticas, a comida feita em um ambiente doméstico pode oferecer uma conexão quase sacramental.

- Não uso mais meu celular no carro quando alguém está comigo[*]. Eu (que vergonha...) costumava retornar as chamadas quando minha esposa ou meus filhos estavam comigo. Chega disso. Estarmos juntos no carro é uma ótima chance de falarmos sobre qualquer coisa e sobre tudo. Nunca comprei um carro com sistema de vídeo pelo mesmo motivo. Os momentos no carro podem e devem ser de qualidade.

- Brincamos com jogos de tabuleiro — os bons e antigos, como Banco Imobiliário, Detetive e Scrabble. Nada de ficar vendo mensagens, e-mails ou Facebook durante o momento do jogo em família.

- Buscamos atividades para fazermos juntos, seja caminhar, sair de bicicleta ou de barco. Isso nos tira de nossa rotina e encoraja nossas conversas.

- Convidamos familiares e amigos para nossa casa — e para ficarem um bom tempo. Momentos sem pressa com chegados, compartilhando histórias e experiências, enriquecem nossa vida e fomentam a conexão.

---

[*] N.T.: Alguns estados norte-americanos permitem o uso do celular ao volante.

- Saímos juntos de férias. Para mim é impressionante ver como instintivamente deixamos nossos telefones e outros aparelhos de lado quando estamos de férias. Talvez usemos a internet para ver a previsão do tempo ou outras atividades, mas a maioria dos aparelhos ficam desligados. Todos os anos passamos uma semana em algum lugar em que não haja sinal de celular e TV. Meus filhos chamam isso de seu lugar favorito no planeta.
- Deixo meu telefone no modo "não perturbar" o dia todo. Isso significa que não ouço um *bip* nem o sinto vibrar, assim minhas conversas, pensamentos e trabalho não são interrompidos. A realidade é que posso checar se perdi algo urgente sempre que tiver um momento livre. Se a casa estiver pegando fogo, tenho certeza de que alguém conseguirá me encontrar e me avisar.
- Não durmo mais com qualquer aparelho eletrônico em meu quarto. Costumava recarregar meus telefones no criado-mudo, mas faz anos que os deixo no cômodo do escritório. O resultado foi um sono muito melhor.

Qual é sua pressa?

Talvez você se pareça comigo neste aspecto: adoro correr o mais rápido possível, testar os limites e extrair o máximo de cada dia, e nosso mundo todo conectado possibilitou isso de uma maneira que as gerações anteriores nem sequer imaginavam. Nunca tivemos tanto acesso à informação ou às oportunidades. Isso geralmente amplifica a pressão que sentimos para fazermos, sermos e realizarmos mais. Temos oportunidades incríveis na ponta dos dedos, mas isso traz preocupações. Ouvimos muito sobre nosso ritmo acelerado de vida, e não é à toa. A velocidade na qual viajamos é empolgante, mas também problemática. Descobri que viver com pressa nos leva a uma vida irrefletida e desconectada. A pressa aniquila a intimidade com Deus, com a família e com os amigos.

Diminuir seu ritmo é a única forma pela qual poderá parar durante tempo suficiente para confessar a confusão que você criou e na qual se tornou. É a única maneira para que possa se engajar com as pessoas ao seu redor. É o único jeito pelo qual é possível estar presente de verdade com sua família.

O amor anda em determinada velocidade, e é mais vagarosa do que a minha. Há uma boa chance de que seja mais devagar do que a sua também. O amor faz pausas. O amor se demora. Ele oferece atenção total e dá muito mais do que recebe. Quando vou rápido demais, ultrapasso o amor, e as pessoas que amo pagam o preço.

Ainda vou rápido? Com certeza. Mas também construí uma margem em minha vida que nunca tive antes de ter me esgotado. Meu dia começa após separar de 30 a 60 minutos para orar e ler as Escrituras, não importa onde eu esteja. Eliminei muitas reuniões que costumavam ocupar quase meu dia todo de trabalho. Também aumentei a quantidade de sono e de descanso em minha agenda. A questão é, o mundo pode não estar desacelerando, mas isso não quer dizer que você não possa fazer isso. Você consegue, de verdade.

Outra coisa que observei é o seguinte: os líderes que mais admiro e que realizaram mais coisas tendem a ser aquelas pessoas que parecem nunca estar com pressa e que têm todo o tempo do mundo. Há algo importante nisso. John Ortberg foi amigo próximo do teólogo e autor Dallas Willard, um dos gigantes espirituais de sua geração. No início de sua amizade, John estava envolto na agitação e tumulto de um ministro em ascensão, bem como dos intermináveis jogos e eventos escolares, tão característicos da vida em família. Certo dia, John perguntou a Dallas o que deveria fazer para ficar mais saudável espiritualmente.

Após uma longa pausa, Dallas respondeu: "Você deve impiedosamente remover a pressa de sua vida."

John anotou o conselho e ficou aguardando o restante, talvez algo mais profundo. Finalmente, ele perguntou: "E o que mais?"

Outra longa pausa.

"Não há nada mais", Dallas devolveu. "Você deve impiedosamente remover a pressa de sua vida."[3]

É claro, Dallas e John estão certos. A pressa mata tantas coisas, incluindo a intimidade. Então, o que seria necessário para que você realmente diminuísse o ritmo? O que seria necessário para que parasse de ter pressa?

O que seria necessário para deixar o telefone de lado, olhar nos olhos das pessoas com quem se importa e, então, se conectar? O que seria necessário para retirar algumas atividades de suas obrigações diárias e adicionar mais indivíduos? O que seria necessário para diminuir suficientemente o ritmo para ouvir o som de sua respiração enquanto ora e reflete, para descansar no silêncio que tem lhe escapado por tanto tempo?

No processo de conexão com os outros, talvez você finalmente se conecte com Deus. Além disso, algo muito mais incomum poderá acontecer. Você poderá até mesmo se conectar com si mesmo.

Parte IV

IRRELEVÂNCIA

7

A MUDANÇA NUNCA PEDE PERMISSÃO

O Rastejar Silente da Irrelevância

Quando Toni e eu nos casamos, éramos alunos e tínhamos nossos 20 e poucos anos. Não tínhamos dinheiro. Pegávamos qualquer mobília que alguém nos dava. Aceitamos pegar um sofá feio, verde-abacate, que meu amigo Alyson estava jogando fora. Para nossa sala de jantar, usávamos umas cadeiras em ruínas que eram usadas na igreja e que tinham uns 70 anos de idade, as quais tive que colar e pintar. Sabíamos que nada disso nos daria um prêmio de decoração de interiores, mas coisas baratas ou gratuitas eram o que nosso orçamento podia acomodar. Antes de graça do que chique, esse era o nosso lema sempre.

À medida que chegamos aos 30 e depois aos 40, todas aquelas coisas de segunda mão acabaram saindo de nossa casa para a casa de outra pessoa ou para o lixo, lugar ao qual pertenciam naquela altura. Com o passar dos anos, à medida que fomos ganhando mais dinheiro, começamos a substituir cada um dos móveis com coisas de que gostávamos. Obviamente, sempre estávamos de olho nas promoções, mas algumas coisas que adquiríamos *não eram* baratas. Quando colocamos alguns milhares de dólares em uma sala de jantar ou em um banheiro, mas bem feitos, começamos a dar um valor diferente do que dávamos àquela cadeira roxa encontrada na garagem de algum tio. E, consequentemente, tendemos a cuidar mais delas.

Há algumas razões para isso. Primeiro, *você* escolheu o produto. Diferente de pegar no desespero qualquer coisa de graça ou com descontos de pessoas aleatórias como parentes, amigos, estranhos e bazares quando você é mais novo, houve uma seleção intencional. Você economizou. Então você não se dispõe a simplesmente largar na calçada ou vender em algum bazar de garagem por $15. Segundo, como o produto é novo e possivelmente melhor do que as tralhas que pegou no início, ele tende a durar mais. E se está em perfeito estado e ainda funciona, por que se livrar dele?

Isso explica exatamente como uma moda pega, coisa que nunca havia entendido direito.

Quando comecei como ministro nas nossas igrejinhas, com meus 30 anos de idade, uma das perguntas teológicas perplexas que não saía da minha cabeça era: por que todas essas pessoas mais velhas que visito têm os móveis e a decoração de 20 ou 30 anos atrás? (Pergunta profunda, eu sei, mas sou profundo mesmo.) Fazia muitas visitas às casas das pessoas naqueles primeiros dias, e cada vez que entrava em uma residência parecia que tinha dado um passo para os anos 1960 e 1970, de uma maneira que nunca havia acontecido novamente desde que era criança. Havia infinitos tapetes felpudos (antes de se tornarem populares de novo). Algumas casas pareciam museus de móveis em madeira (antes de se tornarem populares de novo). Havia uma abundância de eletrodomésticos verde-oliva e marrons (que nunca ficaram populares de novo). Mesmo quando se tratava das escolhas pessoais de roupas, a vestimenta formal da maioria dos párocos mais velhos era uma combinação antiquada de gravatas largas e estampadas com lapelas de poliéster, em uma era em que reinavam os ternos finos de lã. E quando o guarda-roupa era um pouco mais atual, isso se dava pela inclusão de uma pochete do ano de 1985. Parecia que entrava em uma máquina do tempo. Sempre me perguntava se aquele povo percebia que o tempo e a cultura mudam.

Obviamente, quando cheguei aos 40, e tinha comprado minhas próprias coisas (geralmente novas), minha perspectiva mudou. Eu também passei a achar difícil me livrar das coisas. Entendi *que é por isso* que as pessoas param de atualizar a decoração. E, afinal, a vida é muito mais do que apenas mobília e roupas, então por que gastar tempo e dinheiro para trocar ou atualizar tudo? Nessa altura, havia uma tendência a pensar nos custos incorridos (e irrecuperáveis), mesmo se nossas coisas estivessem ficando fora de moda.

Porém, há um princípio maior em cena. A mobília é uma coisa. Sua vida é outra. A irrelevância custa mais para você — muito mais — quando ela permeia o que você faz, como se comunica e quem influencia.

A Deterioração da Influência

A irrelevância acontece quando a linguagem, os métodos ou os estilos que você usa não se conectam mais à cultura e às pessoas em seu entorno. Em essência, você acaba usando um linguajar que os outros não entendem ou do qual não gostam mais. As pessoas irrelevantes acabam perdendo a habilidade de se comunicar de forma significativa com os indivíduos com quem se importam e a habilidade de contribuir com as causas pelas quais são apaixonadas. Às vezes isso as deixa frustradas e confusas sobre por que ninguém as entende mais. Em outros casos, a irrelevância as deixa surpreendentemente desavisadas de que sua influência está deteriorada ou simplesmente desaparecida.

A irrelevância traz algo inesperado e amargo e que pega muita gente de surpresa. Aquele líder, outrora marcante, fica sem trabalho aos 50 anos e se torna praticamente impossível conseguir outro emprego. O produtor de cinema que todo mundo assistia há uma década atrás agora mostra suas gravações para um público que fica cada vez menor com o passar dos anos. O empreendedor que tinha vários negócios promissores quando tinha 30 anos de idade, agora tenta vender ideias que apenas recebem olhares vagos em retorno — ou ainda pior, olhares de dó. Aquele pai que era o técnico do time das crianças, que o adoravam, agora apenas fica sentado em casa, hipnotizado pela TV.

A irrelevância pode ser cruel à medida que ela silenciosamente consome sua influência. A maioria das pessoas investe energia e esforço consideráveis durante sua juventude tentando influenciar as pessoas com quem se importam e desenvolver as causas que lhes são importantes. A irrelevância sabota essa influência. Sem mesmo lhe dizer o porquê, as pessoas silenciosamente o dispensam como se você fosse alguém que não entende direito. Elas o consideram estranho, antiquado e até insignificante.

O Caminho Mais Rápido para a Irrelevância

Rick Warren disse muito bem: "Quando a velocidade da mudança no entorno de uma organização é mais rápida do que a velocidade da mudança dentro da organização, essa organização torna-se insignificante."[1] E o mesmo vale para as pessoas. O espaço entre a velocidade com que *você* muda e a velocidade com que as *coisas* mudam é chamado de irrelevância. Quanto maior o espaço, mais irrelevante você se torna.

Permita-me fazer-lhe uma pergunta difícil: o que está mudando mais rápido, você ou a cultura? Presumindo que esteja sendo honesto consigo, acredito que sei sua resposta. Como consequência, o caminho mais rápido para a irrelevância é este: pare de mudar. Não estou falando aqui a respeito da mudança a um nível da alma. Mude seu sistema de valores com frequência, e não levará muito até que venda sua alma, acabando cheio dos problemas de que falamos anteriormente neste livro. O objetivo não é modelar a cultura, metamorfoseando-se em pessoas diferentes a cada estação. Não, o objetivo é entender a cultura o suficiente, de modo que possa influenciá-la. E isso, obviamente, exige mudança e adaptação.

O Grande Congelamento

Então como aquelas pessoas que já foram relevantes se tornam *ir*relevantes? Já compreendemos como a mobília e a decoração ficam fora de moda. Entender o resto não é muito diferente. Vamos analisar a irrelevância profissional e relacional logo mais, mas antes daremos uma olhada em algo que nos mostra como nossos gostos e preferências musicais são formados. Os pesquisadores enxergam uma tendência quase universal quando o assunto é a música que ouvimos enquanto nos movemos pela fase adulta. Os especialistas pensam que o gosto de algumas pessoas para certos tipos de música é criado entre os 16 e 24 anos de idade.[2] Já ouvi até mesmo algumas pessoas argumentando que nosso gosto musical se solidifica quando temos 23 anos de idade e nos segue até o fim da vida. Talvez isso explique aquele cara de 50 anos de idade curtindo o rock da banda Metallica e usando o mesmo estilo de cabelo, ou o senhor de 75 anos que é apenas uma versão mais grisalha e com rugas de si mesmo quando tinha 24 e era superfã da banda Grateful Dead. Algumas pessoas acabam ficando em suas versões da juventude e não evoluem.

Talvez você não seja assim. Muito possivelmente você mudou um pouco, mas dê uma olhada em seu gosto musical mais de perto. Embora eles tenham provavelmente mudado um pouco com o tempo, há chances de que não sejam tão diferentes do que eram quando você era mais novo. Se adorava o U2, talvez goste do Coldplay agora,[3] ou, se curtia Blink 182 na faculdade, talvez possa gostar um pouco mais de Imagine Dragons do que, digamos, Justin Bieber ou Bruno Mars. Por outro lado, alguém que tivesse todos os CDs da Madonna ou dos Backstreet Boys durante a faculdade pode gostar mais do Bieber ou de qualquer um dos 40 artistas mais famosos do momento. O ritmo que incendeia o centro de prazer em seu cérebro não muda muito com a idade. É exatamente esse o fator que, na medida em que você envelhece, faz com que ouça as músicas de hoje em dia e se pergunte como alguém consegue até chamar isso de música.

Então, qual é a ideia aqui? Se não prestarmos atenção, pode ser que acabemos vivendo na década em que muitos de nossos gostos, conhecimento e experiências foram formados. Escolhemos uma era que amamos e, na maior parte, ficamos congelados lá. O passado tem uma nostalgia desconhecida ao futuro. Ficamos mais confortáveis vivendo aquilo que conhecemos e gostamos do que o contrário.

Da mesma forma, talvez você conheça uma infinidade de referências de filmes da época em que estava namorando, mas não consiga dizer o nome de um simples indicado a melhor filme do ano passado. Ou possa dizer o nome de cada jogador de seu time favorito de basebol da época em que era adolescente, mas não reconheceria um rebatedor que virou estrela do New York Yankees se ele passasse na sua frente hoje. Esse princípio aplica-se também à tecnologia. Você fica cansado das constantes atualizações de aplicativos e dos novos sistemas operacionais, então fica com seus aparelhos o maior tempo que puder porque, bem, já os conhece.

É claro, se você tem lá seus 25 anos de idade, pode estar se perguntando de que diacho estou falando. Tudo para você é atual, fácil e acessível. De fato, a mudança dentro da cultura é quase invisível para você porque ela se dá de forma natural e sem esforço. Você dá risada da sua avó, que não entende muito de redes sociais e que sempre coloca um artigo antes de tudo (O Instagram), mas fica irritado com sua mãe, que tem 51, porque ela não percebe que não é mais tão legal assim simplesmente telefonar para as pessoas do nada.

Pense nisso por um momento: em qual ano ou década você ficou congelado (ou *vai* ficar congelado, caso seja mais novo)? Você já percebeu o grande congelamento nas organizações e nas culturas empresariais também. Parece que tudo e todos têm um ano ao qual se agarram. Você foi a empresas, escritórios, lojas, restaurantes e escolas e pensou *Cara, este lugar lembra o ano de 1998, ou talvez, 1978*. Às vezes um edifício pode até reter o cheiro de determinado ano. Caso não seja cuidadoso, você começará a ter o cheiro do ano em que parou de mudar.

Tive essa experiência quando meu filho mais velho foi para o ensino médio. Ele se formou 25 anos depois de mim em uma cidadezinha a cerca de 50 quilômetros da minha. Me formei no ensino médio no meio da década de 1980. Ao entrar e caminhar pelos corredores da escola dele, me senti transportado de volta à minha. A escola do meu filho era idêntica à minha: mesmas carteiras, mesmos laboratórios, mesmos armários, mesmas cores de tinta. Nada havia mudado em 25 anos. Foi chocante para mim que tão pouco tenha sido atualizado desde que estivera no ensino médio, uma geração inteira antes. E foi um pouco sinistro.

Adivinhe o que fizeram com a escola dele no ano seguinte àquele em que ele se formou. A derrubaram.

A Cultura Nunca Pede Permissão para Mudar

Por que a irrelevância é um movimento natural em quase toda nossa vida? Eis o problema: a cultura nunca pede permissão para mudar. Ela apenas muda. Ninguém jamais bateu à sua porta e perguntou: "Ei, estamos mudando os designs dos carros e adicionando uma tonelada de novas funções independentes, então é melhor que saiba lidar com veículos autônomos. Tudo bem para você?" Muito menos alguém dirá: "Olha, um punhado de camaradas decidiu que seria indelicado não colocar seu telefone no modo silencioso em locais públicos. Então eles secretamente mudaram a regra à meia-noite e agora qualquer um que deixar seu telefone tocar em público ficará, de modo imperceptível, mas duradouro, envergonhado. Concorda?"

De modo similar, a moda nunca pede permissão para mudar. Assim, do nada, em determinado dia seus jeans favoritos passam a ter cintura alta ou baixa demais e ninguém se preocupou em avisar. Sua gravata está mais estreita ou mais larga do que a de todos os demais no casamento. Você não se lembra de ter recebido o memorando a respeito. (Porque ninguém mais envia memorandos mesmo.) As gírias também mudam. Se ainda diz às pessoas que está numa *nice* e para não ficarem de bode, sinto muito. Foi-se o tempo em que se rachava o bico com isso, agora isso é só viajar na maionese, morô?

As indústrias fazem suas transições. A tecnologia evolui. O mercado se ajusta. A economia se transforma. Os valores mudam de geração em geração. Até mesmo como chamamos os grupos de pessoas muda, e uma frase que era perfeitamente aceitável 30 anos atrás agora faz você parecer racista ao descrever a etnia de alguém.

Pensar em todas as mudanças ocorridas durante sua vida — tecnologia, sociedade, design, moda, linguística, música e cultura — é algo assombroso. E ninguém teve a cortesia de perguntar se você concordava. E é precisamente assim que a irrelevância acontece. Antes de se dar conta, é de você que os novatos da equipe tiram sarro durante o cafezinho. Você percebe algumas pessoas rolando os olhos em desinteresse enquanto achavam que você não estava olhando.

Ou lhe disseram que você não tem as habilidades necessárias para o trabalho, e você se pergunta por que as coisas que funcionavam uma década atrás não valem mais. Você sente que conversar com seus filhos é mais difícil do que nunca, e não consegue indicar exatamente o porquê.

Algo mudou. E você foi o último a saber.

Seja bem-vindo à irrelevância. A pergunta é, como combatê-la? A boa notícia é que há uma forma de vencê-la.

8

ALMEJANDO O DIFERENTE

A Forma Permanente (e Radical) com que a Mudança nos Mantém no Jogo

Caso esta parte do livro lhe pareça um pouco crítica, apenas saiba que estou me esforçando para segurar as pontas aqui também. Fui vítima daqueles olhares de irritação que os adolescentes lançam por várias vezes enquanto eu tentava instalar um novo sistema operacional no computador, montar uma churrasqueira nova ou seguir as instruções do manual para algo novo que havíamos comprado. A fala inicial inevitável era "Aqui, pai", dita em um tom de exasperação e acompanhada com o supracitado olhar, um profundo suspiro e com o giro de um braço que retirava o manual, a ferramenta ou o dispositivo de minhas mãos para que meus meninos pudessem realizar a tarefa dez vezes mais rapidamente do que eu. Em seus gloriosos anos de adolescência, eles me olhavam como se meu cérebro tivesse sido removido anos antes de meu nascimento. Meus dois filhos estão na casa dos 20 agora, e há uma tolerância e parceria muito maior. Mas o que fica claro é que *eles* estão *me* liderando. Isso ficou estabelecido muito tempo atrás.

Então, sob a luz do fato de que a próxima geração será quase sempre melhor, mais rápida e mais forte, como combatemos a irrelevância? Muito simples, devemos continuar mudando, aprendendo e evoluindo. A mudança repele a irrelevância. Sei que isso parece simples, mas não é, o que justifica o fato de que tantas pessoas têm um embate com a mudança. Quanto mais velhos ficamos, mais difícil fica mudar. Caso você seja jovem e sua língua nativa seja a cultura atual, talvez consiga navegar pela cultura em todas as suas nuances sem muito esforço hoje em dia. Mas a idade dos 20 anos dá lugar aos 30, depois aos 40 e além. A cultura continua mudando. A pergunta é: você também?

A barreira à mudança, obviamente, é que qualquer coisa que seja diferente do que é padrão para você — o seu normal — parecerá desconhecida, desafiadora e, às vezes, até ameaçadora. E a cada década há um distanciamento entre onde a cultura está e o que você internalizou como "normal". Não é tão difícil assim se sentir um estranho no mundo em que vivemos. Consequentemente, a mudança é a única coisa que diminui essa diferença entre quem você é e quem precisa ser. A mudança faz com que suas habilidades profissionais fiquem renovadas e seu idioma atualizado. Ela o mantém conectado com seus filhos e, futuramente, com seus netos.

"Bem", vem o contra-ataque, "e os valores eternos e as coisas imutáveis?" É uma ótima pergunta. Teologicamente, Deus nunca muda, e, obviamente, os valores divinos são eternos. Porém, sua disposição para mudar o habilita a comunicar as verdades eternas de uma forma que seja significativa àqueles que vieram depois de você. Se quiser influenciar a próxima geração (ou a atual), a mudança deve ser sua amiga. Se você teimosamente se agarrar a métodos ultrapassados, não tardará até que se veja vendendo rolos de filmes da Kodak quando as fotografias já são digitais, ou comercializando DVDs quando os filmes estão online. Caso não seja cuidadoso, você será o último a descobrir por que suas abordagens e habilidades não estão causando efeito.

Provavelmente, tudo isso faz sentido para você. Mas, ainda assim, muitas pessoas resistem à mudança. Vamos, então, à pergunta mais profunda: por que, exatamente, a mudança *é* tão difícil para tantos?

Eis o Motivo Pelo Qual as Pessoas Não Mudam

É difícil mudar, pois você e eu internalizamos a resistência. Para testar isso, acompanhe-me pelo seguinte cenário: digamos que você saiba que precisa trocar os pneus do carro com uma certa frequência. Contudo, se você é como a maioria das pessoas, fica inclinado a usar o pneu até o último momento possível. Afinal, trocar quatro pneus de um carro é um sofrimento.

Primeiro, é dispendioso. Um bom conjunto de pneus custará uma boa quantia. Segundo, dá um trabalhão. Talvez tenha que deixar o carro na oficina o dia inteiro e pegar uma carona com um colega para ir ao trabalho, ir de ônibus ou de Uber. Talvez tenha que ficar por horas na sala de espera, mexendo aleatoriamente em seu celular ou assistindo algum programa entediante que esteja passando na TV da recepção. Não é à toa que as pessoas postergam decisões como a de trocar os pneus do carro.

Mas digamos que esta noite você sai para fazer alguma coisa, com os pneus antigos ainda rodando. Está chovendo e, no caminho para a rodovia, você vê um mar de luzes vermelhas dos carros à sua frente. O trânsito para abruptamente e você pisa com tudo nos freios para evitar bater no carro logo adiante.

De repente, seu carro começa a perder o controle. Você faz um giro completo de 360°, quase batendo em vários veículos ao seu redor e passando a centímetros do canteiro central. Alguns segundos depois, seu carro para totalmente e os outros condutores buzinam e fazem gestos que representam claramente o que pensam de você.

Ao voltar a si, você olha ao seu redor. Surpreendentemente, não bateu em nada. Você está, de fato, *bem*. Milagrosamente, saiu sem o menor dano. Seu carro — e você — estão 100% intactos. Assim, você lentamente tira seu pé do freio e segue ao seu destino, ileso.

Pergunta: qual será a primeira coisa que fará amanhã?

Exato. Trocar os pneus de seu veículo.

Por quê?

Eis o porquê: você fica disposto a mudar porque a dor associada com o status quo ficou maior do que a dor associada com a mudança. É aqui que a maioria das pessoas muda. É por isso que você sabe que deveria comer menos e começar a se exercitar, mas não o faz até que o médico lhe diz que está a um passo de ter diabetes, um ataque cardíaco ou os dois. De repente, levantar-se às 6h da manhã para correr três vezes por semana e recusar as sobremesas não fica mais tão difícil. É por isso que você não se preocupa com suas atitudes até que sua esposa lhe diz que está tão frustrada que está pensando em deixá-lo. Finalmente, você passa a ser mais cuidadoso em como fala com ela e como a trata.

A mudança é dolorosa. E é por isso que a maioria das pessoas resiste a ela. É por isso que é mais fácil usar aquela estratégia de vendas que dava certo quando você começou, mesmo que o mercado tenha mudado dramaticamente. É por isso que é tão tentador apenas seguir com aquela filosofia de gerenciamento que você aprendeu na faculdade, mesmo que esse estilo irrite os mais jovens. É por isso que não participa de workshops e seminários que lhe ensinarão novas estratégias: você entende que os velhos métodos foram "testados e aprovados".

A Dinâmica da Mudança

Passei a maior parte de meu trabalho entre grupos de pessoas que resistem à mudança. Se quiser conversar com alguém que sabe tudo sobre o assunto, passe um tempo com os líderes da igreja. Por algum motivo, os cristãos norte-americanos têm uma tendência a se agarrar ao passado muito mais do que a caminhar ao futuro. O declínio da fé e da frequência às igrejas durante as décadas anteriores foi significativo, e a relevância da igreja para com a cultura sofreu também. No meu ponto de vista, há uma correlação direta entre os dois fenômenos. Mesmo assim, os cristãos frequentemente acreditam que, como Deus não muda, não precisamos mudar também. Tenho dedicado minha vida a reverter essa crença. Nunca houve um momento tão importante para que a igreja tenha uma voz e, no entanto, estamos a ponto de perder a nossa.

A igreja pode ser um típico exemplo de resistência à mudança, mas certamente não é o único. Em sua vida, você já viu indústrias inteiras mudarem, titãs caírem e organizações, outrora inovadoras, afundarem. Por outro lado, um bom número das maiores empresas e as que crescem mais rápido hoje nem mesmo existiam há 30 anos. Fico fascinado pelo fato de que algumas pessoas e organizações mudam e outras, não.[1] Pense nas enormes empresas e marcas que não existem mais, ou que são apenas um resquício do que já foram: Kodak, Blockbuster, Polaroid, Compaq Computers, Borders, Nokia, Pontiac e Oldsmobile, só para mencionar algumas.

Pegue a Kodak, por exemplo. Os estudos de caso mostram que havia uma dura guerra interna entre o departamento digital e o impresso. Os executivos de alto escalão estavam com a ideia fixa de que as pessoas tinham que imprimir as fotos digitais. O departamento digital dizia que as pessoas não se importavam com isso. E não era o caso de que a Kodak não considerava a questão digital — a empresa apenas não entendeu a significância disso. Há mais do que apenas uma ironia no fato de que, em 2000, a Kodak também lançou um dos primeiros sites para upload de fotos, chamado OFoto. Mas conforme apontado pela *Harvard Business Review*, em vez de possibilitar o compartilhamento de fotos, eles dedicaram o site para fazer com que as pessoas imprimissem as fotos.[2] Em essência, eles aproveitaram uma tecnologia nova para sustentar um modelo antigo, estratégia que acabou afundando a empresa.

É o que várias igrejas e empresas estão fazendo hoje e de várias formas. Estamos usando uma tecnologia nova para sustentar um modelo antigo. E se os líderes começassem a ver a si mesmos como uma organização digital com uma presença física, em vez de uma organização física com uma presença digital? Afinal, todos que eles buscam alcançar já estão online.

Imagine o que poderia ter acontecido se, cerca de uma década antes de a Kodak fechar, a empresa tivesse questionado: "Estamos no ramo de *filmes* ou de *fotografia*?" Se estivessem no ramo de fotografia, talvez ainda fosse aquela empresa icônica dos tempos idos. A maior ironia é que foi a Kodak que de fato *inventou* a fotografia digital. A empresa lançou a primeira máquina digital. Espera-se que uma marca que é sinônimo de fotografia e que inventou a câmera digital prospere. Porém, a empresa faliu em 2012.

No fundo, sabe quem matou a Kodak? Não foi outra empresa de fotografia digital. Foi o Instagram. Quando o jogo muda tanto assim, aqueles que se recusam a mudar morrem.

O ramo jornaleiro é outro que foi abalado em seu âmago pela era digital. Uma das perguntas mais importantes que os executivos dos jornais podem fazer ao observarem tudo mudar perante seus olhos é: "Estamos no ramo de *jornais* ou de *notícias*?"

Mas o que parece óbvio para quem está de fora raramente é o óbvio para os de dentro, motivo pelo qual você e eu lutamos fortemente contra a mudança. Para que entenda o quanto a maioria das pessoas está perdendo, veja estes três princípios que o ajudarão a entender por que você resiste à mudança necessária para que permaneça relevante.

1. Você Não se Opõe à Mudança, Apenas à Mudança que Não Esperava

A mudança acontece de duas formas: ela é imposta externamente ou motivada internamente. É muito mais fácil lidar com a mudança motivada internamente. É uma mudança que *você* definiu. É você que decide escrever um livro, fazer um curso sobre liderança, mudar seu horário de trabalho ou fazer novos amigos. Você já gosta disso. Você terá algum tipo de resistência à mudança motivada internamente? Claro, mas nem de perto será tão intensa quanto a resistência à mudança imposta externamente.[3] Quando é outra pessoa que decide que você deve chegar no trabalho às 8h todos os dias, é totalmente diferente do que quando *você* decide chegar nesse horário.

O desafio com as mudanças culturais e sociais que causam sua irrelevância é que elas são todas mudanças *externamente* impostas. Esses tipos de desafios estão além de seu controle. Então você naturalmente tenta fazer a única coisa que pode para exercer controle sobre isso: ignora, resiste ou luta.

2. Você Almeja Aquilo de que Já Gosta

Considere seu apetite. Provavelmente você não fica com vontade de comer o que nunca experimentou, não é mesmo? Isso ocorre porque é praticamente *impossível* almejar algo que não experimentou, cheirou ou testou. Você nem mesmo tem uma categoria para isso, porque seu cérebro tem dificuldades em categorizar o desconhecido. Como consequência, em termos de seus hábitos alimentares, há uma tendência de que você consuma mais de suas comidas favoritas e conhecidas.

Seus padrões de trabalho, hábitos de vida, gostos de decoração e outras preferências funcionam todos da mesma forma. Você cultivou um conjunto de estratégias, abordagens e rotinas eficazes no trabalho. É natural querer repeti-las e refinar o que já é comprovadamente um sucesso. Assim, os novos métodos não são tão atrativos como o sistema que você cuidadosamente desenvolveu e usou. Seus gostos e preferências também se comportam assim. É muito mais provável que você ponha sua playlist favorita para repetir do que ficar ouvindo sem parar músicas que não conhece. Minha esposa me diz que quando vou comprar roupas, sempre compro mais do que já tenho. E acho que o fato de ter oito camisas quadriculadas no cabide prova que ela está certa. Como você almeja o que já gosta, sua vida fica sujeita a repetir suas preferências estabelecidas. O cérebro prefere as coisas que já conhece.

3. O Sucesso Lhe Traz Problemas

Geralmente, você alcança o sucesso porque abraçou a mudança. Descobriu alguma vantagem competitiva e a remodelou. Iniciou algo novo ou foi o primeiro a lançar no mercado. É assim que a maioria das organizações e líderes prosperam. Mas quando atingem uma certa medida de sucesso, entra em cena uma dinâmica completamente diferente.

Surpreendentemente, o sucesso o deixa conservador. Quanto mais sucesso tiver, menos chances há de que mude. No início, quando praticamente não tinha dinheiro e não tinha realizado muito, o que você tinha a perder? Quase nada. É exatamente por isso que foi mais fácil assumir riscos e seguir em frente. Como tinha pouco, qualquer passinho à frente parecia ser um grande progresso.

Quando o sucesso chega, de repente você se vê com algo a ser preservado e conservado, seja seu patrimônio líquido, suas estratégias e táticas ou suas práticas e hábitos. E até mesmo sua reputação deve ser considerada. Desta forma, você fica muito menos aberto à mudança, pois não quer bagunçar o que está bom. Quer manter a tática que o trouxe até aqui.

É exatamente assim que organizações de sucesso se tornam irrelevantes. Em certa altura, as lojas de departamentos eram as maiores varejistas do mundo. Agora a maioria segue um declínio agudo. Em vez de se adaptar, muitos executivos não conseguiram imaginar um mundo em que os consumidores não iriam querer comprar em apenas um centro comercial físico. O modelo altamente lucrativo funcionou por tanto tempo que eles resistiram à mudança... até que a internet mudou tudo. Agora a Amazon e sua turma são os centros comerciais.

O sucesso faz com que aqueles que antes eram ousados e audaciosos fiquem complacentes e até temerosos. O que vale para as corporações e organizações também vale para os indivíduos. As coisas estão funcionando tão bem, por que mudar a fórmula? Não crie problemas. Apenas mantenha o curso. Este é o perigo pelo qual a maioria das pessoas e organizações não espera. É por isso que o maior inimigo de seu futuro sucesso é sempre seu sucesso atual.

Qual É a Cara da Mudança?

Sendo a mudança o antídoto para a irrelevância, qual é a cara da mudança? Como saber se é o momento de continuar inovando, crescendo e progredindo? Além de estar consciente do porquê temos uma propensão a resistir à mudança (o que acabamos de ver), veja agora quatro insights e estratégias para garantir que esteja atualizado.

1. Ame Mais a Missão do que os Métodos

Se pensar em sua vida, quase tudo o que faz pode ser dividido em duas categorias: missão e métodos. A missão é grande — é aquilo que você quer realizar. Os métodos são menores e deveriam ser submissos à missão. São seus métodos que o ajudam a alcançar sua missão.

Tenho o privilégio de apresentar um podcast sobre liderança que é consideravelmente popular. Os líderes demonstram gostar dele, e a curva de crescimento do programa é fenomenal. Sendo assim, as pessoas geralmente me perguntam: "Então, você vai sempre continuar apresentando podcasts?"

Minha resposta? "Não, creio que não."

Por quê? Porque o podcast é o *método*, não a missão. Minha missão é ajudar as pessoas a prosperar na vida e na liderança. No momento, o podcast é um método muito eficaz para ajudar e ensinar as pessoas. Mas estou certo de que chegará o dia quando as pessoas vão parar de usar fones de ouvido e outra coisa passará a ser mais eficaz. Nesse dia (ou, espero que muito antes desse dia chegar), pararei com os podcasts e abraçarei qualquer que seja o novo método que me permitirá ajudar as pessoas a prosperar.

Para ter sucesso na vida, os métodos precisam servir sua missão. Esse princípio se revela em todos os lugares. Alguns anos atrás, Toni e eu ficamos com nosso ninho vazio. ("Como é isso?", talvez pergunte. Honestamente, é maravilhoso. É como ter um encontro romântico todas as noites.) Amamos nossos filhos. Quando moravam em casa, era incrivelmente fácil nos conectar com eles. Jantávamos juntos quase todas as noites e nos divertíamos o tempo todo.

Agora que eles se mudaram, é natural que seja mais desafiador. Tivemos que mudar nossos métodos para alcançar nossa missão. Viajamos de avião para a Costa Leste para visitar um de nossos filhos quando ele estudava lá. Regularmente íamos de carro para Toronto para visitar nosso filho mais velho. Reservamos alguns fins de semana para estarmos juntos e compramos um barco para criar mais atividades compartilhadas.

A missão e os métodos geralmente funcionam harmonicamente, cooperando mutuamente. Mas você os verá competindo com a mesma frequência. Se não está alcançando os objetivos que possui para sua missão, mude seus métodos. O desafio, obviamente, é que pessoas demais amam mais seus métodos do que sua missão. Seria o mesmo que Toni e eu fazermos o jantar todas as noites e indagar por que nossos filhos nunca aparecem ou o mesmo que eu decidir fazer podcasts tempos depois que as pessoas pararam de ouvir.

Tanto no trabalho como na vida, seus métodos devem mudar constantemente para que você possa melhor alcançar sua missão — seja nas finanças, nos relacionamentos, espiritualmente, fisicamente e em qualquer outro aspecto. De outro modo, você será a Kodak. Se os métodos são mais importantes do que a missão, você morre.

2. Radicalize

Vivemos em uma era de mudanças radicais na cultura, sendo que não criamos nem podemos controlar a maioria delas. Assim, podemos ficar tentados a diminuir um pouquinho o ritmo, pensar que a mudança necessária não seja tão drástica quanto os outros estão sugerindo, tentar encontrar um meio termo. Entendo isso. Quando o assunto é ficar saudável, por exemplo, sempre tento me convencer de que posso fazer a quantidade mínima de exercícios que permitirá que consuma o máximo de carne. Mas você e eu sabemos que quando o assunto é estar em forma, colhemos o que plantamos. Os benefícios são proporcionais aos nossos esforços.

Esse é o problema com o esforço mínimo. A mudança incremental produz resultados incrementais. Além disso, o incrementalismo não inspira ninguém. A mudança radical produz resultados radicais. Se vivemos em um mundo que muda rapidamente, pequenas mudanças incrementais pessoais possivelmente não são suficientes.

3. Torne-se Um Aluno da Cultura

Independentemente de suas preferências pessoais, e mesmo que não goste da cultura atual, você ainda pode ser um aluno dela. Honestamente, tenho que me esforçar mais com isso a cada ano que passa. Meus gostos musicais não se atualizam tanto nem são tão populares como eram algumas décadas atrás. E perdi o interesse geral pelos filmes e até pela TV em comparação com quando era mais novo. Então, todos os meses entro na internet e ouço as músicas consideradas Top 40 para saber o que é popular no momento. Acompanho os filmes mais assistidos e baixo um de vez em quando. Também verifico os sites de entretenimento e sigo algumas celebridades nas redes sociais, apenas para ficar atualizado.

Por que você deveria ser um aluno da cultura? Simples. As pessoas que não entendem a cultura atual nunca terão uma voz nela. Não importa se concorda ou não com a cultura, entendê-la é um pré-requisito para poder influenciá-la.

4. Cerque-se de Pessoas Mais jovens

Outra maneira de garantir que fique relevante é ter pessoas mais jovens em sua vida. Caso tenha filhos, não passe tempo apenas com eles; explore o mundo deles e se interesse por ele. Tente entendê-los, em vez de apenas criticá-los. Da mesma forma, no trabalho, sempre que desenvolver uma equipe, faça questão de convidar e incluir jovens adultos na composição.

Uma das coisas mais revitalizantes nas equipes que liderei era que sempre havia líderes mais jovens no grupo — às vezes líderes bem jovens. A tentação é querer ensiná-los tudo que você aprendeu, e é ótimo quando isso pode ser feito de uma forma que seja bem-vinda por eles. Porém, uma das melhores maneiras de ganhar o afeto e a aceitação de uma equipe mais jovem é ouvir na mesma medida em que fala, para aprender o mesmo tanto que está tentando ensinar. Podemos aprender muito com líderes mais jovens, e eles têm a chave da renovação futura de sua organização, tanto em termos de pessoal como de ideias.

O DOM DE ENVELHECER BEM

O que você faz com toda sua experiência acumulada de vida? É verdade que podemos ser sábios em qualquer idade, mas há algo de especial ao chegarmos aos 40 que permite que a sabedoria floresça, caso a nutra bem. Ainda tenho muito a aprender, mas, quando fiz 40, parece que novas sequências cerebrais começaram a acontecer, alinhando insights de uma forma que as coisas que eram um mistério para mim passaram a fazer sentido. Comecei a ver padrões na vida das pessoas e no caráter delas que não havia percebido antes. A vida começou a parecer muito menos aleatória e fortuita.

Esse é um dos benefícios de envelhecer. Você vê as coisas que simplesmente não conseguia ver aos 20 anos. Entre meus 40 e 50 foi a década em que comecei a escrever mais proficuamente, desenvolvendo minhas equipes e líderes externos e guiando líderes jovens ao começarem suas carreiras. Foi a década na qual consegui aplicar às práticas de ensinar em nossa igreja e à minha própria vida muito do que havia aprendido. As experiências acumuladas de vida e os insights ofereceram uma nova e revigorante profundidade às minhas leituras das Escrituras. As Escrituras cristãs sempre pareceram ser a verdade para mim, mas foi aos 40 que realmente comecei a entender *por que* elas pareciam ser a verdade.

Os melhores anos para líderes que têm a habilidade de se comunicar com a cultura geralmente parecem acontecer em algum momento entre os 45 e 75 anos de idade. Caso não passe bem por esses anos, eles também serão o período no qual a irrelevância se acelera. Mas, se prestar atenção às coisas que estamos analisando, eles podem ser não apenas o momento de pico de aprendizagem, mas também de contribuição. É isso o que a relevância permite que você faça. Anteriormente mencionei o autor e acadêmico Dallas Willard, que morreu em 2013 aos 75 anos de idade. Ele contribuiu o mesmo tanto em suas últimas décadas quanto em suas cinco décadas anteriores. Quando o Dr. Willard faleceu, fiquei triste, porque ele era uma das vozes que queria ouvir por anos sem fim.

Algumas pessoas fazem com que seus melhores trabalhos e esforços sejam suas maiores contribuições mais tarde na vida. Elas devolvem à cultura uma vida inteira de conhecimento, insight e sabedoria. Em vez de criticar as coisas como são, elas aproveitam o passado e o presente para fazer o futuro melhor.

Pense nisso. Há pessoas mais velhas — autores, atores, artistas, músicos, amigos, familiares — que você adora. E você não se importa com a idade deles. Eles cruzaram o vão de comunicação entre a geração deles e a sua, entre a cultura favorita deles e a cultura de hoje. Na realidade, o estágio de vida onde se encontram pode ser o próprio motivo para agregarem tanto valor a tantas pessoas. Seus anos vividos ofertam uma sabedoria que a juventude simplesmente não pode acessar.

Envelhecer não significa necessariamente tornar-se irrelevante. De fato, tornar-se relevante à cultura ao seu redor pode ser o caminho para seus melhores anos por vir.

Prepare-se para uma Surpresa: Transformação

Você sabe que a mudança não é nada fácil, e há algo no profundo de seu ser que continua resistindo a ela. Isso é compreensível. Mas o que acontece quando você resiste ao status quo, abraça ideias e abordagens radicais, estuda a cultura e se cerca de pessoas mais jovens? A mudança passa a ser familiar. Ela se torna uma forma de vida.

De princípio, mudar é esquisito, difícil e estranho. E, até certo ponto, esses sentimentos nunca desaparecem. Mas algo profundo ocorre se você permanecer ao lado da mudança e decidir que nunca vai parar de evoluir. Em algum ponto, a mudança se torna uma transformação. Isso não acontecerá logo de cara, mas após alguns anos (mais frequentemente, entre cinco e sete), você perceberá que foi transformado. Não será mais quem era.

A diferença entre a mudança e a transformação é poderosa. Elas parecem similares, olhando de fora. Ao observar alguém que foi mudado e alguém que foi transformado, não se vê uma grande diferença externa. Mas, no interior, a pessoa que foi transformada é significativamente diferente. O que aconteceu? A pessoa transformada não quer mais voltar às coisas da forma como eram. Diferentemente da história de Moisés e dos israelitas, os escravos não querem mais voltar ao Egito. Quando a transformação verdadeira ocorre, a pessoa abraça mais o futuro do que o passado.

A chave para ver a transformação criar raízes é continuar mudando, experimentando e arriscando. Você não sentirá a transição imediatamente, mas em dado momento despertará e perceberá que não quer que as coisas sejam da forma que costumavam ser. Começará a sentir que "os idos dias dourados" deveriam ficar para trás e que seus melhores dias estão ainda por vir. E isso conduz à esperança, ao entusiasmo e à alegria.

A Mudança Não Implementada Torna-se Arrependimento

Um último pensamento sobre este assunto: a mudança que você não implementa geralmente torna-se algo que ninguém quer — arrependimento.

As pessoas que não conseguem realizar a mudança geralmente olham para trás e anseiam pelo que poderia ter sido. Talvez você já tenha alguns exemplos assim em sua vida. O trabalho que poderia ter pegado, mas esperou demais para se decidir — arrependimento. A garota que você deveria ter convidado para sair, mas nunca criou coragem nem para conversar — arrependimento. As ações que sabia que deveria ter comprado, mas não o fez — arrependimento. As desculpas que deveria ter pedido a seu pai antes de ele morrer — profundo arrependimento.

É difícil mudar, mas a mudança correta nos conduz a um bem tão grande! Talvez você prefira fazer as coisas de sua maneira e deixar tudo como está. Mas, em nome das próximas gerações, em nome da contribuição significativa por toda a sua vida, não apenas tenha a *intenção* de mudar. Faça isso de verdade. Porque a mudança não implementada vai se tornar arrependimento.

Parte V

ORGULHO

9

NÃO SÃO APENAS OS NARCISISTAS

Como o Orgulho Atinge Até os Melhores entre Nós

Alguns anos atrás, comecei um jejum de gastos por 12 meses. Fiquei inspirado pela minha assistente, Sarah Piercy, que decidiu que não faria gastos desnecessários consigo mesma durante um ano. Eu sou gastador mesmo, e meu apetite por mais parece ser constante em minha vida. Então achei que um ano sem gastos desnecessários seria algo bom para mim.

Minhas regras básicas incluíam nada de roupas novas (apenas usadas), nada de tecnologia nova (essa parte foi *difícil*) e nada de itens opcionais. Além disso, todos os vales-presentes que ganhei teriam de ser doados ou gastos em benefício de outras pessoas. Talvez a pergunta que mais gostava de responder sobre meu jejum de gastos era: "Então, comprou alguma comida?" Não, na realidade não comi nem bebi nada durante um ano inteiro. (É claro que comprei comida!)

Três meses após o início do jejum, estava a cerca de uma hora de casa, indo para um compromisso, quando o chá quente que estava bebendo escorregou de minha mão. Não foi um respingadinho qualquer. Minhas calças ficaram *encharcadas*. Parecia que uma mão invisível tinha tirado o copo de minha mão e despejado o líquido sobre minha roupa toda. A mancha acabou ficando eficazmente localizada de forma a parecer que não tinha conseguido chegar ao banheiro a tempo ou talvez que estivesse dormindo na rua há algumas semanas. Imediatamente pensei: *"tenho uma reunião. Preciso comprar calças novas. Isso certamente se qualifica como uma exceção em meu jejum de gastos. Não posso usar calças que estão muito manchadas. Não há outra alternativa."*

Providencialmente, passei em frente a um Walmart, então entrei no estacionamento. Ao estacionar, comecei a debater comigo mesmo. Foi assim:

"Você sabe que dava para usar essas calças. Elas estão apenas manchadas."

"Não, seria constrangedor. Nunca me vestiria assim."

"E, afinal, elas estão realmente manchadas. Se você comprasse calças novas no Walmart, isso nem mesmo seria qualificado como quebrar o jejum de gastos, não é? Normalmente você não vai ao Walmart para comprar roupas. Não é uma quebra de qualquer regra mesmo."

"Então, o que está realmente causando isso, Carey? Basicamente, você quer proteger sua imagem. Você está envergonhado demais para ser o cara com uma mancha enorme em um local embaraçoso. E agora está todo elitista a respeito do Walmart porque você é estiloso demais para comprar roupas aqui."

"Cala a boca, eu."

Percebe como o orgulho aparece? Quero dizer, nenhum de nós gostaria de ser visto em público com calças manchadas. Temos medo de sermos julgados, dispensados ou humilhados. Ninguém quer ser desprezado. Temos uma reputação para proteger e uma imagem para projetar, mesmo no Walmart.

O pior é que tinha publicado em meu blog como havia conseguido completar o primeiro trimestre do meu jejum de gastos muito bem e não havia quebrado nenhuma regra. Agora estava reescrevendo as regras em minha cabeça para que pudesse afirmar que não havia trapaceado. Vê o que o orgulho faz?

O orgulho me empurrou para dentro do Walmart. Mas, ao entrar, meu conflito aumentou ainda mais, até que fiquei mais convicto. Cedi. Em vez de ir à seção de roupas masculinas, fui ao banheiro masculino. Por sorte, tinha um daqueles secadores turbo na parede. Fiz conchinha com as mãos para pegar água e jogar em cima da área afetada na perna e na região da virilha. Se alguém achava que eu pudesse ter molhado as calças antes, agora teria removido essa dúvida totalmente. Minha calça ficou ensopada. Brilhante.

Passei dez minutos no secador de mãos automático, me torcendo e virando para conseguir secar as calças. Para deixar as coisas ainda mais interessantes, o secador ficava levemente para fora da porta, dando uma visão de primeira mão a vários clientes na fila do caixa. Magnífico. A mancha desapareceu quase totalmente, e saí da loja praticamente seco.

A lição que aprendi naquele dia? Voltei ao carro percebendo como sou orgulhoso. Não queria ser visto usando roupas sujas, muito menos dar a impressão a alguém de que eu tinha sofrido incontinência. Fiquei com medo de como as pessoas me julgariam ou que pensariam menos de mim. Não tive a humildade para arriscar ser mal-entendido, julgado ou percebido como careta, nem mesmo por uma hora, até que pudesse voltar para casa.

O orgulho acontece bem profundamente. É um dos pecados capitais contra Deus. O orgulho fez com que eu acreditasse no seguinte:

- As opiniões dos outros são mais importantes do que as de Deus.
- O amor Dele por mim não é suficiente.
- A aprovação divina é inadequada até que tenha a aprovação dos outros.
- As aparências contam, e muito.
- Sou o que os outros pensam que sou.

Lá no fundo, a experiência revelou que acho que não sou suficiente, que minhas roupas precisam revelar quem sou porque não consigo fazer isso sozinho. Entendo completamente que somos um povo civilizado, que usa roupas razoavelmente da moda, mas há algo mais profundo do que as roupas de baixo, não há?

Ele é Tão Fútil

É fácil identificar o orgulho. Tudo bem, vou tentar de novo. É fácil identificar o orgulho em *outras pessoas*. Pronto, assim está muito mais preciso. Vemos o orgulho o tempo todo. Você conhece alguém que é orgulhoso demais para pedir conselhos, mesmo que ele precise desesperadamente. Vê pessoas que se apegam aos caminhos delas, mesmo que sejam maus, porque são orgulhosas demais para mudar. Conhece pessoas que estão sempre se colocando acima dos outros, pessoas que amam falar sem parar sobre tudo o que conquistaram. Conhece pessoas que se gabam de tudo que adquiriram, alcançaram e experimentaram, como a quinta vez que tiraram férias no mesmo ano, da qual você teve que ouvir todos os detalhes, mesmo nunca tendo perguntado nada. Você conhece muitas pessoas que são obcecadas por si mesmas, mesmo que não haja muito do que se orgulhar.

Como é possível ficar assim? Como nos tornamos aquela pessoa que os outros, secretamente, não suportam, a pessoa que constrange as outras e que ninguém quer ouvir? Como nos tornamos a pessoa que está, acima de tudo, focada em si mesma?

O orgulho se disfarça de várias formas. Ele é tão dominante que precisa ser sutil. Se ele conhecesse apenas uma maneira, nós o interromperíamos imediatamente. Então ele cria. O orgulho se transforma e consegue se infiltrar usando métodos que geralmente não são percebidos. Permita-me identificar a forma mais óbvia logo agora, para que possamos nos concentrar naquilo que provavelmente aflige a você e a mim. A forma mais óbvia do orgulho é o narcisismo, que é um problema para algumas pessoas, mas não para a maioria. Como saber se está nessa categoria? Os narcisistas realmente pensam que são um presente de Deus para a humanidade. Eles exigem ser o centro das atenções. Dominam as conversas, interrompem os outros, se acham os melhores, têm que estar em primeiro a todo custo, não conseguem celebrar o sucesso dos outros e sempre têm uma desculpa caso não sejam os primeiros. Eles são obcecados por si mesmos porque são, nossa, tão maravilhosos.

Caso você seja assim, economizarei seu tempo. Busque ajuda. Ajuda séria. Procure um conselheiro cristão, converse com um profissional e passe um tempo em uma clínica.

Agora, sobre nós que ficamos. Provavelmente você não é um egomaníaco feroz ou tenha sido diagnosticado como um narcisista, mas isso quer dizer que o orgulho não o pegou? Parece estranho, mas a maioria das pessoas não vê a si mesmas como orgulhosas, mas muitas delas são. Não deveria nos surpreender que o orgulho ocorre profundamente, porque ele é, de muitas formas, o pecado principal. É a raiz de nossa rebelião contra Deus, contra os outros e até mesmo contra o que é melhor em nós.

O orgulho é, em seu âmago, uma obsessão pelo ego. Ele gera o desejo que você sente de se proteger, projetar, manipular, trapacear, fingir, inflacionar e gabar. Ele é tão dominante que, como observado por Benjamin Franklin, caso consiga chegar a ser humilde, talvez queira se gabar de como você é humilde. O orgulho é também a marca dos tolos. A tolice é apenas o conhecimento não aplicado. Os tolos sabem, eles apenas não se importam. Eles descobriram. A forma deles é melhor, e, caso acabem no fosso, bem, não era a culpa deles. Apenas deixe-os em paz.

O orgulho, como veremos, vive até no coração dos inseguros — pessoas que não estão tão certas se são tão ótimas assim e secretamente duvidam que algum dia chegarão a ser. Honestamente, o orgulho aparece em *todos os lugares* de nossa vida e, toda vez que isso ocorre, é mortal.

O QUE O ORGULHO MATA

Então por que dar atenção ao orgulho? Caso seja deixado solto, ele destruirá muitas das coisas que são importantes para você ou que deveriam ser. Ele deixará um rastro de destruição coberto das coisas que você costumava valorizar ou que uma versão melhor de você valorizaria. O orgulho vai extinguir sua empatia, reprimir sua compaixão, criar divisão, sufocar o amor, promover o ciúme, matar sua alma e fazer você achar que tudo isso é normal. Ele pode fazer de você um tipo de pessoa que você mesmo odeia. Mesmo se não fizer isso, infectará seus relacionamentos com uma toxina que pode não ser fatal, mas que é venenosa o bastante para arruinar sua alegria.

De muitas maneiras, o orgulho está relacionado com todas as outras coisas tratadas neste livro. O orgulho levará ao ceticismo e acelerará o esgotamento. Ele o fará se sentir desconectado e pode fazer com que se torne irrelevante. E quando já tiver atuado, o orgulho deixará você se sentindo vazio, mesmo com tudo que conquistou. O orgulho lhe custará as amizades, a intimidade, o respeito, as oportunidades perdidas, o descanso, a paz de espírito, a sabedoria e até o dinheiro. É difícil imaginar muito mais a perder.

Os Egomaníacos Não São os Únicos Soberbos

O maior desafio em relação ao orgulho é que, para a maioria das pessoas, ele está em todos os lugares. Claro, você não passa a maior parte do dia pensando que é o máximo; você passa a maior parte do dia com um sentimento torturante de que não é o máximo. Mas isso também pode levar a uma obsessão com o ego. Essa auto-obsessão é outra forma de convidar o orgulho para passear bem pelo meio de sua alma. É uma ameaça que geralmente sofro em minha vida.

Acredito que o orgulho aparece em todos os lugares, mesmo naqueles mais improváveis. Como no Walmart, quando parecia que eu tinha feito xixi na calça. Se for honesto comigo mesmo, tenho que dizer que sou um pouco obcecado com carros que são hiperlimpos, gramados aparados em losango e um ambiente de trabalho que seja organizado e atrativo. Algumas dessas coisas são saudáveis. Outras, de modo algum. Pessoalmente, acredito que minha esposa fica linda sem batom ou maquiagem, mas ela fica um pouco insegura em sair de casa sem se maquiar. Não entendo isso porque a amo como ela é. Mas percebi há um bom tempo que meu carro limpo é o que o batom é para ela. Creio que se eu aparecer em um carro todo sujo, as pessoas acharão menos de mim.

Seria possível que o orgulho emerja de um lugar de insegurança? Absolutamente. De fato, para a maioria das pessoas, é aí mesmo que ele se cria.

Sinais de que a Insegurança Está Motivando Seu Orgulho

O orgulho se infiltra até mesmo entre os mais inseguros e enfraquece a relação entre quem *nós* achamos que somos e quem *Deus* acha que somos. Como saber se sua insegurança — aquele sentimento de que você não está à altura — está motivando um foco doentio em si mesmo? Veja a seguir cinco sinais que descobri e espero que sejam úteis para você.

1. Você Se Compara com Outros

Já se pegou se comparando com outras pessoas? É claro que sim! Você é humano.

Temos muito a *aprender* com os outros, mas as pessoas inseguras não são motivadas tanto pelo desejo de aprender como pelo desejo de saber se são melhores ou piores que eles. É completamente diferente ficar de olho nos demais para aprender, crescer, identificar-se ou celebrar e ver como os outros estão indo para se comparar. O primeiro é fundamentalmente saudável; o segundo, destrutivo. Há um pecado muito grande envolvido com a comparação.

Quer ver como isso é perverso? Claro, pode ser que não se sinta tão bem consigo mesmo. Mas você coloca na sua cabeça, como uma fonte de consolo, que, pelo menos, não é tão ruim quanto algumas pessoas. Então o orgulho o força a escolher algumas pessoas para, por meio delas, se convencer de que é superior. Talvez não tenha o corpo dos seus sonhos, mas pelo menos é mais magro que determinado colega de trabalho. Você não tem doutorado, mas, minha nossa, é mais inteligente que as pessoas de sua sala. Não tem uma BMW, mas seu carro não está tão amassado e arranhado quanto o de seu cunhado. Você escolhe as pessoas que, na sua cabeça, garantem que você seja o mais esperto, rico, rápido ou atrativo. Meu terapeuta tem um ótimo termo para isso: *comparrogância*. É a arrogância nascida da comparação.

Não é de se surpreender que você possa ser afligido por essa condição. Praticamente todas as propagandas que já viu foram projetadas para alcançar dois objetivos: primeiro, convencê-lo de que sua vida não é tão boa quanto a da maioria das pessoas, e segundo, persuadi-lo de que, independentemente do que a Empresa X esteja lhe oferecendo, aquilo fará sua vida muito melhor. Você fará a transição completa de inferior para superior no momento em que adquirir o novo produto ou serviço. E a situação permanecerá assim até que, é claro, a empresa lance uma nova versão, o que significará que aquela que acabou de ser comprada está bem desatualizada e que você está novamente, adivinha, inadequado. O ciclo é insidioso.

2. Seu Valor Próprio é Determinado pela Sua Última Atuação

Este é um desafio para todos que são motivados pelos resultados, o que certamente me inclui. Sou viciado no progresso. Se as coisas não estão caminhando para cima e para frente, fico alarmado rapidamente. Sob alguns prismas, essa atitude com a vida é boa, mas, sob outros, ela pode deformar nosso sentimento de segurança. Um sinal muito claro de insegurança é quando a opinião que você tem de si mesmo melhora ou piora dependendo de como atua ou do que os outros dizem sobre você. Sua identidade deveria ficar mais segura, não importam seus últimos resultados, porém, para muitas pessoas, não fica.

Como saber se você atrelou sua identidade à sua atuação? Como Tim Keller diz: "Quando o trabalho é sua identidade, o sucesso sobe à cabeça e o fracasso desce ao coração".[1] Ou se o trabalho não é seu veneno particular, então substitua qualquer outra coisa à qual tenha amarrado sua identidade; você descobrirá da mesma forma que o sucesso sobe à cabeça e o fracasso desce ao coração.

Talvez alguns de vocês façam objeção e perguntem se isso significa que as pessoas deveriam apenas jogar as mãos para o alto e desistir. Afinal de contas, o progresso torna a vida melhor. No entanto, há uma diferença entre levar as coisas a sério e levar as coisas para o pessoal. As pessoas seguras levam as coisas a sério; elas simplesmente não as levam mais para o pessoal. Elas percebem que o que são e o que fazem são duas coisas diferentes.

3. Não Há Como Celebrar o Sucesso do Outro

As pessoas inseguras têm um conflito com a celebração. É muito difícil para elas celebrar seu próprio sucesso, porque nunca estão seguras de que foram boas o suficiente. E elas também têm dificuldades de celebrar as realizações dos outros, porque essas realizações as ameaçam. O bolo não é tão grande assim para que todos tenham um pedaço justo.

Caso você seja inseguro, a vitória de outra pessoa significa a sua derrota, sendo que o contrário também se aplica. É um jogo de soma zero. Se outra pessoa vai bem, você não consegue evitar e fica se perguntando por que não vê os mesmos resultados ou sente que a sorte está contra você. Como se sente mal sobre si mesmo, não consegue se sentir bem a respeito dos outros. Novamente, a insegurança fez com que você focasse em si mesmo, excluindo os outros.

4. Você Empurra Pessoas Talentosas para Fora de Sua Vida

O orgulho não deixa espaço para o talento dos outros. Você perceberá que, nas reuniões familiares, fica se afastando da sua irmã que se tornou altamente bem-sucedida, sem querer conversar com ela algo que vá além de "Olá". Será atraído a amigos que realizaram menos do que você, de modo que você conte as melhores histórias e se sinta superior por contraste. Ou quando seu ciclo social incluir outros que fizeram mais que você, se sentirá profundamente invejoso e crítico pelas costas deles. As pessoas orgulhosas sempre sentem uma necessidade de ser as mais talentosas ou habilidosas. Como resultado, o número de pessoas talentosas ao redor delas é muito menor do que com pessoas seguras e menos obcecadas por si mesmas.

Pergunte a si mesmo: *até que ponto me sinto confortável ao redor de pessoas que penso ser melhores que eu, mesmo naquelas coisas em que sou bom?* Isso lhe dará uma boa medida de sua segurança. Um sinal das pessoas humildes é a habilidade de atrair e manter pessoas mais talentosas e competentes do que elas mesmas, pelo bem de sua equipe ou causa.

5. *Você Quer Ter a Palavra em Tudo*

As pessoas orgulhosas acabam controlando os outros. Se é a insegurança que o move, você sempre vai querer adicionar um pouco mais de conhecimento, de insight ou até uma anedota na história de alguém. Parece que ficará faltando algo se a outra pessoa receber todas as atenções e você ficar de lado. Talvez você até tenha a tendência de ser o sabe-tudo, seja porque realmente tem muito conhecimento ou porque está apenas inventando coisas para se sobrepor aos outros na conversa. Os sabe-tudo não eram os mais legais no jardim da infância, e eles são menos legais ainda no mundo adulto.

A verdade é que a maioria das pessoas é talentosa ou até tem muito conhecimento em apenas uma ou duas áreas. Mesmo assim, isso ocorre através da ajuda, encorajamento e auxílio de outras pessoas. Ao valorizarmos o conselho e a opinião dos outros, especialmente sobre aquelas coisas que são nossa especialidade, embarcaremos em um caminho rumo à sabedoria maior.

Vê os Sinais?

Agora que identificamos as raízes dos sinais menos óbvios do orgulho, consegue ver alguns deles aninhados em você? A maioria das pessoas não percebe o orgulho chegar porque ele sofre uma mutação para formas mais sutis. As sutilezas nem sempre nos fazem ser os senhores da situação, mas nos mantêm acordados à noite e estressados durante o dia. Elas nos deixam preocupados de que não somos o suficiente e de que não temos o que é necessário. Nos deixam com medo de falharmos, de sermos honestos, e nos deixam preocupados por sermos vistos por aquilo que realmente somos. O orgulho conseguiu se meter aí no meio porque, novamente, ele nos deixou obcecados por nós mesmos.

Assim, o que o orgulho está fazendo? Qual é a extensão lógica? Se o deixarmos seguir seu caminho, solto e se reproduzindo, qual será o resultado? Sem acompanhamento e atenção, o orgulho leva a um coração endurecido.

O Orgulho Endurece Seu Coração

Deixe o orgulho seguir seu caminho e ele amortecerá seu coração. O orgulho o deixa imune ao conselho dos outros e aos estímulos de sua consciência. Ele o faz pensar que as regras não se aplicam a você ou que pode violá-las sem consequências.

Se já leu o Antigo Testamento — aquela parte das Escrituras que contam a história do povo de Deus antes de Jesus entrar em cena —, você sabe que a condição do coração humano é um tema recorrente. Quanto mais leio as passagens sobre os corações endurecidos, mais nervoso fico. Isso ocorre porque, para mim, parece ser uma condição muito comum.

Davi foi um dos maiores reis que já governaram a nação de Israel. Ele fez a transição do povo de Israel, de um grupo desorganizado de ex-refugiados que começavam a se tornar uma nação a uma superpotência global. E, pelo que sabemos, fez isso ao mesmo tempo em que mantinha seu coração puro e dócil. Sabemos disso não apenas porque certos escritores descrevem Davi como tendo um coração aberto, mas porque temos seu diário (encontrado no livro de Salmos). Lá podemos ver a vida interior de um homem cujo coração ansiava por Deus. Até que, aparentemente, Davi chegou ao ápice de seu poder.

Certa tarde, Davi caminhava em seu terraço, quando deveria estar na batalha com suas tropas. Ele viu uma bela mulher se banhando. Acontece que ela era casada, e seu marido estava onde Davi deveria estar: lutando contra o inimigo. Evidentemente, Davi não se importou. Ele convocou esta mulher, Bate-Seba, a seduziu e a engravidou.

Para encobrir o ato imoral, Davi chamou o marido de Bate-Seba, Urias, de volta da batalha para que ele pudesse ir para casa e, presumivelmente, fazer sexo com sua esposa. Isso faria parecer que Urias, e não Davi, era o pai. Só que Urias tinha mais integridade que o rei. Ele não iria para casa dormir com sua esposa enquanto seu país estava em guerra. Então ele dormiu fora do palácio.

Ao ouvir isso, Davi entrou em pânico. No dia seguinte, decidiu embriagar Urias, pensando que, inebriado, ele teria vontade de fazer o que quase todos os caras que beberam um pouco podem fazer: ir para casa e seduzir sua esposa. Mas ele não faria isso, não enquanto seus amigos estavam em batalha.

Finalmente, Davi concluiu que a única opção que lhe restava era mandar matar Urias. Ele ordenou a seu comandante que enviasse Urias às linhas de frente, onde a morte era praticamente certa. Seriam apenas danos colaterais — você sabe que essas coisas acontecem. E obviamente, durante uma intensa batalha, Urias foi morto. Ele não estaria mais lá para expor a verdade ou expressar sua ira. Em um toque final de ironia, Davi tomou Bate-Seba como sua esposa.

Sabe o que contribuiu com essa história horrível? O orgulho. O líder que fez muito mais coisas certas do que erradas permitiu que seu coração se endurecesse no zênite de seu poder. Ele parou de se importar, de se submeter, de acreditar que estava sob a lei e começou a seguir seus desejos não filtrados.

De uma das pessoas mais sábias em sua era, Davi passou a agir como um tolo. Ele era capaz de fazer muito melhor, mas algo se quebrou dentro dele. As coisas que normalmente tocavam seu coração ou que cutucavam sua consciência pararam de fazê-lo. E é assim que o caminho à morte tem início.

Ao estudar a vida de Davi, antes de suas ações com Bate-Seba, e comparar esse período com o posterior, você verá um homem cuja vida nunca mais foi a mesma. Eles não apenas perderam o filho, mas parece que toda a sua família entrou em queda livre. Divisão, traição e até estupro começaram a manchar a linhagem familiar de Davi. Alguém que costumava buscar o coração de Deus começou a buscar seu próprio coração, e a consequência foi trágica.

Ao longo de todo o texto das Escrituras, vemos Deus querendo fazer muito mais na vida das pessoas, mas Ele não podia, porque os corações delas estavam endurecidos. Provavelmente você não quer que esse seja seu destino. O que pede a pergunta: qual é exatamente a aparência de um coração endurecido? Fico feliz pela pergunta. Há pelo menos quatro características que devem ser observadas.

1. Superioridade

Um coração orgulhoso e endurecido faz você se sentir superior aos outros (percebe que isso surge em todos os lugares quando se é orgulhoso?). Talvez você não seja o melhor, mas se veste um pouco melhor, foi para uma faculdade melhor, tem uma casa levemente melhor e passou férias em um lugar exótico que *eles* não. Não, você não é o melhor, mas se acha melhor que a ralé que usa roupa barata ou que seu primo com aquela lata velha estacionada na garagem. Você não consegue se segurar e tira sarro do cara andando de scooter que claramente comeu demais em seus 50 e poucos anos de idade.

Vê como a superioridade fica feia? Seu orgulho e insegurança fazem com que precise se sentir melhor do que alguém — qualquer um. Você caminha à superioridade porque sua inferioridade o levou até lá.

2. Criticismo

Uma atitude crítica brota diretamente da nociva fonte de superioridade porque, para estar à frente, você tem que inventar motivos que justifiquem os outros estarem atrás. Para sustentar seu sentimento de sucesso, tênue como seja, você engendra explicações justificando por que é melhor que todos os demais. Que pena que seu colega esteja passando por momentos difíceis, mas se ele tivesse trabalhado mais e se esforçado como você, bem, talvez as coisas ficassem melhores para ele.

É uma pena que a mulher em seu clube de leitura não consiga perder peso, mas você tem certeza de que ela não está se alimentando apenas de couve e óleo de coco. Deve haver potes vazios de sorvete em sua lata de lixo. Se comesse tanto assim, teria o tamanho dela também.

Você despreza seu vizinho maconheiro porque nunca faria esse tipo de coisa (você diz isso a si mesmo enquanto saboreia seu bife de quase 500g e aquelas maravilhosas batatas fritas). Afinal, os cristãos moralistas não usam drogas. Eles usam comida.

3. Impunidade

Um coração endurecido também o ajudará a justificar quando você evita a responsabilidade real. Você até desenvolve sua criatividade para isso.

Algumas vezes o orgulho fará você decidir que não deve satisfações a ninguém. Você para de ouvir seu cônjuge, seus filhos, amigos, colegas de trabalho ou seu chefe. Se lê as Escrituras ou outras obras que sugerem que o que está fazendo é errado, você cria um raciocínio muito organizado para justificar que sua situação é diferente ou para explicar por que o texto não se aplica ao seu caso.

Alternativamente, o orgulho pode deixá-lo cercado de pessoas que lhe dizem aquilo que quer ouvir. Elas nunca o desafiam, nunca falam mais alto e nunca apresentam a dura verdade. Ou talvez você já tenha eliminado gradualmente todos aqueles que têm um ponto de vista contrário. Eles discordaram de você, então por que passar tempo com eles?

Se não for controlado, o orgulho o levará, de forma implacável, a remover qualquer coisa que o desafie, e uma de suas ameaças mais consistentes é a responsabilização.

4. Isolamento

Finalmente, o orgulho o leva para um lugar muito estranho. Você pensa que ter ficado se gabando de seu próprio sucesso e sua devoção a ele o tornaram alguém melhor aos olhos dos outros, quando o resultado é exatamente o oposto.

A única pessoa que fica impressionada por seu orgulho é você. Ninguém mais fica atraído por sua arrogância e egoísmo. Outras pessoas fugirão de você o mais rápido que puderem ou talvez o tolerarão por obrigação. Você é o pai delas, afinal, ou elas trabalham com ou para você. Mas elas não têm o mínimo de vontade de passar mais um segundo ao seu lado. Pode passar sua vida inteira construindo seu reino, mas apenas saiba disso: uma vida devotada ao ego, em última instância, o torna alguém sozinho. É exatamente assim que o orgulho o deixa: isolado.

O Orgulho Pode Ser Escandaloso

Não é necessário muito tempo para lembrarmos de políticos e líderes empresariais que deixaram seu sucesso subir à cabeça e foram derrubados pelo orgulho. Os líderes foram destituídos pela diretoria porque não davam ouvidos às regras ou as quebravam. Os políticos foram derrotados porque foram vistos como pessoas inalcançáveis e ilegítimas.

Porém, o orgulho não faz tombar apenas os líderes; ele infecta a todos nós. Se um pastor aparece nas manchetes hoje em dia, geralmente é porque teve um caso ilícito ou porque desviou dinheiro. Geralmente, mas não sempre. Houve relatos decepcionantes recentemente de vários pastores de igrejas grandes que lutaram contra o orgulho. Scott Thumma, sociólogo do Seminário Hartford, ofereceu uma grande perspectiva sobre o porquê de o orgulho ser uma questão específica para os líderes de igrejas: "Sinto que muitos dos líderes religiosos que são celebridades são muito cientes e deliberadamente buscam se abster das tentações sexuais e financeiras. Mas eles se esquecem de que o orgulho aparece antes de uma queda."[2]

Em seu favor, o muito conhecido pastor cristão John Piper ofereceu uma dolorosa explicação para justificar os 18 meses sabáticos que usou longe do ministério ao declarar publicamente: "Minha alma, meu casamento, minha família e meu padrão de ministério precisavam de uma análise de realidade feita pelo Espírito Santo." Ele escreveu que percebeu "várias espécies de orgulho em minha alma que, embora possam não ter crescido a ponto de me desqualificar para o ministério, me afligiram",[3] então ele esteve em um período sabático para lidar com a raiz dos problemas. Um ano depois, Piper esclareceu que esse tempo de folga fora dedicado a lidar com seus "pecados característicos", incluindo "o orgulho, a raiva, a autopiedade, a rapidez em culpar e sua rabugice".[4] Piper demonstrou muita humildade, honestidade e integridade ao fazer isso. Pessoalmente, posso me identificar com cada uma das lutas de Piper e já as reconheci em momentos diferentes em minha própria vida. Meu palpite é o de que você também. Como minha esposa me disse: "Talvez devêssemos todos nos resignar. Há um sentimento de que, talvez, aqueles que deram um passo atrás fizeram algo honorável, não há?"

E é para aí que o orgulho o leva. Talvez você e eu não sejamos tão conhecidos para que nossos problemas cheguem às manchetes, mas nosso orgulho está nas manchetes de nossos lares e das pessoas mais próximas a nós. Seu cônjuge e seus filhos sentem o peso total de seu orgulho, seja ele expresso através de decisões tolas pelas quais sua família paga o preço, pela dureza de seu coração, que os deixa do lado de fora, ou pela superioridade crítica que faz com que seja difícil viver com você.

Sendo assim, como lutar contra seu orgulho, aquela coisa feia que percebeu em si mesmo e que certamente viu nos outros? Como garantir que não acabe com uma história que não quer contar? Comece com o cultivo da humildade, assunto sobre o qual falaremos a seguir.

10

HÁBITOS DOS HUMILDES

Somente a Humildade Vai Tirá-lo de Onde o Orgulho Te Levou

O orgulho é insidioso, esgueirando-se para dentro de você de modo intrometido e despercebido. Veja minha experiência com viagens, por exemplo. Até minha lua de mel, eu havia viajado apenas uma vez de avião. E mesmo depois de nossa lua de mel, era raro viajarmos assim. Era caro demais. Assim, durante anos, nas raras ocasiões em que fomos de avião a algum lugar, fiquei agradecido por estar voando. Um pouco emocionado, para ser sincero.

Mas à medida que comecei a fazer palestras em conferências e eventos, as coisas foram mudando. Comecei a notar que nem todos os assentos foram criados iguais e, com mais de 1,80m, achei que precisava de um lugar melhor, em uma fileira com mais espaço. Após perceber isso, não demorou muito até que descobrisse que um assento no corredor e em uma fileira que desse de frente com a divisória na aeronave era ainda melhor do que um junto à saída de emergência. *Ajuda*, disse a mim mesmo, *quando se tem a minha altura, ter um espacinho a mais para as pernas.*

Então voei na classe executiva pela primeira vez. A melhoria foi de graça, sem que eu houvesse pedido. Os comissários de bordo me chamavam pelo nome. Os assentos eram largos e macios, com espaço suficiente até para as pernas de um jogador da NBA. A comida era gratuita e deliciosa. Essas melhorias são o início de um vício para ratos de avião, como eu.

Minha nova vida de luxo acabou logo em seguida, infelizmente. Após aquele voo em classe executiva, ao embarcar para o próximo, descobri que estava na *última fileira*. Mas isso não foi tudo. Estava no assento *do meio* da última fileira. Se viaja de avião, mesmo que bem pouco, você sabe que não há nada pior no mundo do que um assento no meio de uma fileira. Há guerras de cotovelos dos dois lados, lutando por algum espaço na barra de descanso de braços. Pelo menos um de seus colegas de banco provavelmente se inclinará em sua direção em algum momento do voo, ou ignorará que você está usando fones de ouvido e tentará conversar com você... por horas.

Não pude acreditar naquilo. Não demonstrei gratidão alguma, apenas ressentimento. Fiquei com vontade de escrever um blog com o título "Cinco Coisas que São um Saco no Assento do Meio da Última Fileira". Comecei a escrever uma mensagem para minha assistente, Sarah, fazendo de tudo para saber como fui parar na fileira 35, reclamando como uma criancinha.

Alguém deveria ter enfiado uma chupeta em minha boca naquele dia. Merecia isso.

Acabei ficando acostumado a ter status e posições e, ainda pior, sentia que merecia isso. O orgulho me convenceu de que merecia ainda mais. O problema com o sucesso (mesmo que seja minúsculo) é que ficamos viciados em todas as suas armadilhas. E o orgulho o convencerá de que você tem direito a isso tudo.

Como domar a fera raivosa do orgulho em todas as suas formas?

Pela humildade.

Nada mata o orgulho como a humildade. Apenas ela pode tirar você de onde o orgulho o levou.

Então, como tornar-se mais humilde? Não dá para simplesmente acordar certo dia e dizer "Ego, seja humilde hoje" e seguir o dia caracterizado como a humildade dos santos. Seria ótimo se fosse assim, mas nunca consegui fazer isso funcionar dessa forma. Em vez disso, a humildade pode ser encontrada de três maneiras.

Suponho que a maneira mais fácil seria cultivar a humildade como uma disciplina ou hábito desde a juventude, mas é raro ver isso acontecer. Para a maioria das pessoas, é muito mais doloroso que isso. Se a humildade faz parte de seu caráter desde sua infância, parabéns. Mas o restante de nós precisa continuar.

Uma segunda maneira possível (mas não desejável) para aprender a humildade é, na realidade, através da humilhação. Sofrer humilhação é *ser* feito humilde, não por sua própria escolha, mas pelas circunstâncias ou por outra pessoa. Ser despedido do trabalho, declarar falência, levar um fora de alguém ou ter manchas gigantes em sua calça no Walmart são experiências com um fator humilhante em potencial. Sempre que se sentir constrangido, a humilhação e o orgulho estarão pairando ao redor. A humilhação, por definição, é uma humildade *involuntária*. Ela vem até você quando é a última coisa que deseja. Quando cai de cara no chão, não há como descer mais. Não dá para cair do chão. Você foi *trazido* até este nível, que é a essência da ideia por trás da virtude da humildade. Você não *escolheu* estar lá, foi forçado a ir. O perigo com a humilhação não está no *ato* de ser humilhado. Não, o perigo é que o ato de ser humilde é facilmente abandonado. Dá para removê-la assim como remove seus sapatos. É fácil demais levantar e ir para longe, não apenas do constrangimento, mas de todas as lições que poderia ter aprendido com ele. A maioria de nós quer ficar o mais distante possível da humilhação, o mais rápido que pudermos. A humildade fica apenas se você a convidar. Muito mais que isso, é necessário submeter-se a ela, ansiar por ela, aprimorá-la, desenvolvê-la e nutri-la. De outro modo, ela vai embora e o orgulho retorna assim que o machucado em seus joelhos sara.

Isso nos leva à terceira maneira, e talvez seja o jeito mais universal pelo qual a humildade chega e fica: você a convida e a cultiva. Aprende as maneiras do humilde e faz disso sua forma principal de atuação. Caso isso aconteça, então o orgulho não terá qualquer espaço para permanecer, muito menos para crescer. Esse é um processo difícil, porque a humildade nunca é atrativa às pessoas que mais precisam dela. O orgulho é muito mais atraente. Mas pense nisso: o orgulho é atrativo apenas para os orgulhosos. Você não gosta de pessoas orgulhosas, mas ama os humildes. É como se o orgulho e a humildade fossem parte de um tipo de espelho invertido e perverso. Aquilo de que mais precisa (a humildade) é singularmente desinteressante, mas o que os outros odeiam em você (o orgulho) é totalmente atrativo.

O que explica por que a humildade precisa realmente ser abraçada, desenvolvida e valorizada para que crie raízes em sua vida. E então, como fazer isso? Como cultivar a humildade? Você ficará tentado a pensar que ela é uma atitude, e até certo ponto é assim mesmo. No entanto, cultivar uma atitude de humildade é difícil, porque você está lidando com intangíveis.

Assim, como saber se você é humilde? Monitore suas ações nas áreas-chave que descreverei a seguir. Os humildes agem de forma diferente dos orgulhosos. Caso adote a ação, a atitude pode seguir também. E mesmo se seu coração continuar a ser uma mistura de orgulho e humildade, suas ações demonstrarão a humildade às pessoas ao seu redor.

Aprendi isso da maneira difícil (e as pessoas ao meu redor têm as lesões e machucados para provar isso), mas aqui estão algumas práticas que o ajudarão a cultivar e praticar a humildade.

Nunca Perca Sua Gratidão

Lembra-se de quando colocava algo em sua lista de natal quando era criança e de fato ganhava o que queria? Tive essa experiência quando ganhei um tratorzinho laranja certo ano. Fiquei nas nuvens.

Quando criança, você era frequentemente agradecido porque não tinha a habilidade de conseguir nada por conta própria. Você sabia que não tinha os meios. Isso valia para coisas simples, como apreciar um sorvete em um dia quente de verão ou conseguir uma porção grande de batatas fritas caso tivesse saído para jantar. Você era agradecido porque sabia que dependia dos atos de bondade de outras pessoas.

Quando isso começou a mudar? Para a maioria das pessoas, o poder de compra chegou com o primeiro trabalho. Lembro-me de comprar o primeiro disco quando tinha 13 anos, ao conseguir meu próprio dinheiro.

Fiquei agradecido e empolgado porque finalmente poderia ir à loja de discos e comprar meus próprios álbuns.

Só que é diferente comprar seu primeiro disco e seu décimo primeiro. Ganhar 10 dólares é superempolgante quando são seus primeiros 10 dólares. Mas ter 13 dólares no banco durante o ensino médio, quando você vive com 3 caixas cheias de discos por perto, gera um sentimento diferente. Quanto mais tem, mais fácil fica perder sua gratidão. A escassez gera a gratidão e a maioria de nós vive em relativa abundância, globalmente falando.

Outro fator se infiltra também. Quando se tem 35, e não 5 anos de idade, você tem um pouco de sua própria pele em jogo. Você se ralou. Trabalhou longas horas. Terminou a faculdade enquanto outros largaram o curso. Economizou para dar a entrada em uma casa. Não torrou seu dinheiro ou seu futuro em um cassino. Você foi responsável.

Como consequência, começa a pensar que conquistou o que tem. Talvez até pense que mereceu tudo isso. Quando me sinto assim, forço a mim mesmo a reconhecer que tudo que tenho é um presente de Deus. Isso inclui a mente que estou usando para escolher as palavras enquanto escrevo, o fôlego que me mantém vivo até a próxima frase (se Deus quiser), o teclado no qual digito e as férias que acabei de tirar. Ele permite que eu tenha todas essas coisas. Deus graciosamente me concedeu. E honestamente, minha fé me convence de que Ele não teve a intenção de que tudo o que me deu fosse exclusivamente para meu benefício pessoal. Minha fé me diz que Deus me deu todas as coisas para que eu as possa compartilhar e usar em benefício dos outros.

Mesmo estando em uma fase em que minha vida, quase totalmente, esteja bem, seria ridículo de minha parte dizer que todos os créditos são meus. Não sei se posso reivindicar créditos pelas pessoas que leem minhas palavras, ouvem minhas palestras ou baixam os podcasts que apresento. As pessoas me perguntam o tempo todo como construí minha audiência, e para garantir, consigo destacar alguns princípios. Mas a verdade é que há *mistério* nisso. Há *graça*. Há um elemento providencial aqui que não entendo completamente e que certamente não produzi. Os melhores líderes de negócios dirão o mesmo. Eles podem falar sobre trabalhar duro e ter determinação, mas os grandes líderes também falarão, com frequência, sobre sorte ou acaso. Eles percebem que não são tão inteligentes quanto seus negócios os fazem parecer. O que eles chamam de sorte, eu chamo de providência. Tanta graça fluiu através de minha vida! Francamente, é fácil ignorar, a menos que eu *decida* (intencionalmente) nunca perder minha gratidão. Tenho certeza de que o mesmo se aplica a você. A gratidão promove a humildade porque ela tira você do papel de estrela em sua história.

Assim, como assegurar que você nunca perca a gratidão? Primeiro, expresse-a regularmente. Se orar, ofereça preces de gratidão. Segundo, apaixone-se mais pelo Doador do que por seus presentes. Terceiro, nunca reivindique todos os créditos por sua história. Reconheça publicamente o papel da graça e da providência ao falar.

Pelo que você é agradecido? Eis uma pergunta melhor: pelo que *deveria* ser agradecido?

Pegue o Lugar Mais Baixo

O que exatamente significa pegar o lugar mais baixo? Para a maioria de nós, lembramo-nos de quando não tínhamos nada. Pense sobre aquela época em que era aluno ou que estava começando a se bancar. Você vivia de miojo. Andava de ônibus, sonhando com o dia em que teria um carro velho. Não tinha muitas pretensões porque, bem, não havia nada do que se gabar nem mesmo a que se apegar.

Se teve sucesso no trabalho, você percebeu que seu estilo de vida melhorou um pouco. Talvez muito. Primeiro era um cubículo bonitinho para você. Depois, pode ser que tenha aparecido um cartão corporativo para gastos pequenos. Na sequência, veio um escritório. E depois, um bom escritório. Logo você estava ganhando ótimas entradas para assistir jogos com estacionamento privativo. Você percebeu que ama qualquer status VIP que apareça em seu caminho.

Os líderes orgulhosos gostam dos títulos, dos escritórios bem localizados e dos elogios e benefícios que vêm com um cargo. Os orgulhosos pegam os lugares mais altos. Eles sempre querem algo melhor, e mais.

Os humildes, por outro lado, pegam o lugar mais baixo, com a intenção de servir, em vez de serem servidos. Eles dispensam os títulos e não se importam em lavar a louça ou varrer o chão. Ficam felizes em levar o lixo ou em oferecer seu assento para alguém no ônibus ou no metrô. Eles se voluntariam para fazer o trabalho menos nobre, os projetos que ninguém mais quer fazer. Nada fica abaixo deles quando adotam uma postura humilde.

Pegar o lugar mais baixo não significa que você sempre ocupará uma posição de baixo nível no trabalho ou em outros empreendimentos. Pelo contrário, as pessoas humildes são frequentemente reconhecidas e recompensadas pela generosidade de seu coração e pelo serviço diligente. Então, o que fazer com os benefícios, caso venham a você? Talvez tenha um bom escritório, um bom carro ou uma casa perto do lago. Pode ser que não precise pegar fila no aeroporto, porque viaja com muita frequência. Aqui está uma disciplina simples: *compartilhe-os*. Se Deus o abençoou, que maravilha! Mas certamente Ele não tinha a intenção de que essas bênçãos beneficiassem apenas você. Compartilhe-as com os outros, especialmente com aqueles que não têm o que você tem.

Abra Seu Caderno

Caso não seja controlado, o orgulho o cegará. Você deixará de aprender com qualquer um que acha que está abaixo de você ou no mesmo nível. Rirá internamente quando alguém lhe oferecer conselho. Você vai pensar: *O que ele sabe a respeito disso?* ou *Quem ela pensa que é para dar conselhos?*

O orgulho, abastecido pela insegurança, impede uma atitude de ser ensinado e uma abertura a ser guiada. Você deixará de aprender com pessoas que acham que são mais inteligentes ou mais bem-sucedidas que você. O ciúme mata o aprendizado e aborta as conversas instrutivas.

A humildade não é assim. Ela aprende com qualquer um e em qualquer lugar. Ela mantém seu caderno aberto. Isso pode ser na forma de um caderno físico ou pode significar simplesmente que você faz anotações em seu celular. Independentemente de qual seja seu método, faça anotações quando está almoçando com alguém, assistindo uma aula ou ouvindo alguém falar em uma conversa. Colha insights das outras pessoas.

Você sempre estará cercado de pessoas brilhantes? É claro que não. Mas isso não quer dizer que não haja nada para ser aprendido. Então fique de cabeça aberta e com a caneta em mãos, não importa com quem esteja se encontrando. E faça isso especialmente quando estiver com alguém que desperta inveja em você ou de quem se acha melhor. A humildade sempre deixa seu caderno aberto.

Coloque Outras Pessoas em Destaque

O orgulho quer receber agradecimentos, reconhecimento e ser celebrado. Às vezes o orgulho fará você acreditar que merece isso. Às vezes ele o convencerá de que você foi menosprezado e que o mundo deveria reconhecer o tesouro que você é.

Consequentemente, o orgulho monopoliza as atenções o máximo possível. Quer que eu faça uma palestra? Pode deixar. Precisa que eu lidere a reunião? Sem problemas. Quer que direcione o próximo projeto? É claro. Quer me dar uma oportunidade para brilhar? Sim, conte comigo. Dentro de sua cabeça, o orgulho está dizendo: *Finalmente alguém percebe como realmente tenho valor. Afinal, sou tão talentoso e trabalhei tanto, por que eles chamariam qualquer outra pessoa?* Se a insegurança está motivando sua obsessão com o ego, o orgulho pode fazê-lo pensar: *Veja, demorou tanto para chegar aqui. Se não agarrar a oportunidade, talvez nunca tenha outra chance. Jamais. E é melhor não deixar outras pessoas participarem disso, vai que descobrem que são mais inteligentes que eu.*

A humildade jamais pensa ou age assim. Ela deliberadamente coloca outras pessoas em destaque. Nunca fica com ciúme. Ela se deleita com o sucesso dos outros. Na verdade, às vezes as pessoas humildes até curtem mais o sucesso dos outros do que seu próprio sucesso. A humildade é assim.

Paradoxalmente, colocar outras pessoas em destaque é uma das melhores formas de obter segurança no trabalho. Se consegue produzir líderes que são tão bons ou melhores do que você, praticamente qualquer organização o contratará instantaneamente. Ajudar os outros a alcançar o sucesso e compartilhar o palco com eles não faz você valer menos, faz valer mais. Ao ser humilde, é possível perceber que a missão global é mais importante do que você.

Não está confiante de que está pronto para colocar os outros em destaque? Alguns conselhos: comece antes de se sentir pronto. Se a voz interna em sua cabeça está gritando mensagens de ciúme e insegurança, coloque os outros em destaque mesmo assim. Celebre o sucesso deles publicamente. Ao fazer isso, você crava uma lança de prata no coração do orgulho. Colocar os outros em destaque quebra a camisa de força que representa a inveja (e até o medo) em sua vida.

Seja Ridiculamente Honesto consigo Mesmo (e com Deus)

O orgulho é como uma erva daninha e a humildade é seu gramado. As ervas daninhas praticamente não precisam de fertilizantes ou de água para crescer; elas apenas aparecem e vão se espalhando sem qualquer esforço. Seu gramado precisa ser fertilizado, aerado, aguado e nutrido para ter uma chance de crescer de forma saudável.

Uma das melhores formas de vencer essa guerra contra o orgulho é ser ridiculamente honesto consigo mesmo e com Deus. Verifique seus motivos constantemente. Ore a respeito deles. Peça a outras pessoas que façam uma análise da realidade (às vezes elas percebem motivações às quais estamos cegos). Caso sinta um indício de egoísmo, confesse-o e entregue a feiura perante Deus.

Se você tem o hábito de ler a Bíblia, já aconteceu de perceber que não estava lendo as Escrituras, mas as Escrituras estavam lendo você? Tive um desses momentos alguns anos atrás enquanto lia um trecho do Novo Testamento.

Este trecho do livro de Tiago me paralisou. Ele descreveu exatamente aquilo pelo que eu estava passando na época. Leia-o e veja o que você sente:

> Existe entre vocês alguém que seja sábio e inteligente? Pois então que prove isso pelo seu bom comportamento e pelas suas ações, praticadas com humildade e sabedoria. Mas, se no coração de vocês existe inveja, amargura e egoísmo, então não mintam contra a verdade, gabando-se de serem sábios. Essa espécie de sabedoria não vem do céu; ela é deste mundo, é da nossa natureza humana e é diabólica. Pois, onde há inveja e egoísmo, há também confusão e todo tipo de coisas más.
>
> A sabedoria que vem do céu é antes de tudo pura; e é também pacífica, bondosa e amigável. Ela é cheia de misericórdia, produz uma colheita de boas ações, não trata os outros pela sua aparência e é livre de fingimento. Pois a bondade é a colheita produzida pelas sementes que foram plantadas pelos que trabalham em favor da paz.[1]

Quando li esse trecho, certa manhã, alguns anos atrás, ele me arruinou, me possuiu, me convenceu. Por quê? Porque ele descreveu exatamente o que eu estava sentindo — não a parte santa nos versos 17-18, mas a parte terrível nos versos 14-16, que basicamente dizem que minhas emoções estavam alinhadas com o diabo.

Naquela época eu sentia ciúme de outro líder, que eu suspeitava ser um palestrante melhor que eu. Havia permitido ao sentimento me consumir. Me sentia egoísta, inseguro e *não* queria compartilhar o lugar de destaque com mais ninguém. O orgulho fez com que coisas feias nascessem no meu coração, coisas que de forma alguma vinham de Deus. Eram o oposto do que Deus nos oferece.

Em vez de descartar o trecho e ignorá-lo, admiti que ele me descrevia. Confessei isso. Não queria que aquelas palavras me caracterizassem, mas sabia, sem dúvida alguma, que era o que faziam. Em vez de seguir em frente, no dia seguinte voltei ao mesmo texto, orando enquanto lia-o novamente. Não saí desses seis versos até que as coisas repugnantes que eles descreviam se soltassem de meu coração. Levou mais de uma semana.

Toda as vezes que li esse texto nos anos seguintes, parei e agradeci a Deus pelas coisas com as quais Ele teve que lidar dentro de mim naquela época. Sou tão agradecido! Mas não é possível ter essa revelação sem uma honestidade brutal sobre o que realmente está acontecendo.

O que é necessário para que você seja ridiculamente honesto consigo mesmo e com Deus? O que precisa confessar? O que o descreve, que você gostaria de mudar?

Apenas saiba disto: de todas as mentiras que contamos, aquelas que contamos a nós mesmos são as mais mortais. Se não forem confessadas e controladas, elas continuarão a causar danos às pessoas ao nosso redor (e a nós) indefinitivamente. Seja franco consigo mesmo e com Deus. Todos os demais sabem de sua fraqueza. E Deus também. Por que não admitir?

É tão fácil identificar o orgulho nos outros! Mas as pessoas que o identificam em si mesmas e cultivam a humildade desenvolvem uma vida muito mais rica e plena.

Parte VI

ESGOTAMENTO

11

É COMO CAIR DE UM PRECIPÍCIO

Como Saber Quando Você Está se Esgotando

O ano era 2006. O avião acabara de pousar de volta em Toronto após, juntamente com minha família, estarmos na Igreja North Point, em Alpharetta, estado de Georgia, logo ao norte de Atlanta. Talvez você nunca tenha ouvido falar da Igreja North Point, mas eu certamente já tinha. Conhecida por ter sido a pioneira em um ministério maravilhoso, a igreja estava no meu radar há alguns anos.

Em 2005, conheci Reggie Joiner, um pensador e líder brilhantemente criativo. Não demorou para virarmos amigos, e ele me apresentou a seu chefe, Andy Stanley, que se tornara meu herói nos últimos anos, pois o acompanhava, mesmo a milhares de quilômetros de distância. Na minha visão (e na visão de muitos outros), Andy é um dos comunicadores e líderes mais talentosos de sua geração.

Reggie me convidou para falar em uma conferência em North Point em maio de 2006. No início, achei que ele queria que eu fizesse uma sessão de intervalo durante o evento, mas ele me disse que não, que tinha planos maiores. "Você poderia dar uma das palestras principais?", ele me perguntou. Caso você conheça um *pouquinho* do universo da igreja, saberá que isso é o mesmo que ter a honra de jogar no Super Bowl.

Ainda consigo repetir vividamente em minha cabeça o dia da minha apresentação — refinando e revisando minhas palavras sem parar, praticando a palestra na frente de minha esposa e filhos pela centésima vez, passando minha camisa até ficar perfeita no quarto do hotel. Achei que estava pronto, mas meus nervos ficaram a ponto de bala quando, durante a checagem de som, a equipe me entregou o conjunto de microfones; estava escrito "Andy".

Fui apresentado, e quando assumi o palco na frente de 2.500 líderes do mundo todo, olhei para baixo e vi minha esposa e meus meninos sentados ao lado de Reggie e Andy. Isso que é intimidação.

Então, o que aconteceu? De forma geral, a palestra foi boa. Muito boa. A frase *gol de placa* foi usada algumas boas vezes. Mais de uma década depois, as pessoas ainda falam comigo sobre aquela apresentação. Algumas delas fazem menção do evento como a palestra da minha vida (o que é um elogio ambíguo — é legal chegar ao pico com 40 anos e só ter descidas dali em diante).

De várias maneiras, me senti no topo do mundo. Acabara de falar em uma das igrejas mais influentes da América do Norte, e, aparentemente, fora muito bem. Eu liderava uma das maiores igrejas de nossa denominação no Canadá, e uma das que cresciam de forma mais rápida. Nosso ministério havia atraído uma atenção nacional, o que aparentemente estava se expandido para uma atenção internacional.

Melhor impossível, não é?

Nada havia me preparado para o que aconteceria a seguir.

Quando o avião tocou o solo de Toronto, senti que estava caindo em um precipício.

Ao passar por meus 30 anos de idade, as pessoas me diziam que, se não fosse cuidadoso, me esgotaria. Não era o melhor dos ouvintes, porque eu era, bem, mais inteligente do que elas. Outras pessoas (mais fracas) poderiam até se esgotar, mas conhecia a mim mesmo bem o suficiente, e o trabalho que estava realizando era muito importante, de forma que isso nunca aconteceria comigo.

Por vezes achei que havia adentrado as portas do esgotamento, mas havia visto o precipício todas as vezes e conseguira me afastar dele. Descansava um pouco, tirava férias, reduzia minhas horas de trabalho durante uma temporada e — voilà! — problema resolvido.

Achava que conseguiria fazer isso para sempre. Até que não consegui mais.

Esse é o problema com o esgotamento. Uma vez que você cai no precipício, não há mais nada a que se agarrar. Você está em queda livre e tentar se segurar ou gritar não ajuda em nada. Pela primeira vez em minha vida, estava mergulhando de cabeça no abismo.

O Esgotamento É... Complicado

Então, o que exatamente aconteceu comigo no verão de 2006? Ainda me faço essa pergunta. Quem realmente sabe o que corrói a alma a ponto de desintegrá-la?

Para ser sincero, desse lado da vida, acho que jamais saberei totalmente o que aconteceu. O esgotamento é algo complicado. Mas sei o seguinte: ao cuidar dos outros, não cuidei adequadamente do meu próprio coração e alma, nem deixei que outros, que queriam cuidar de mim, o fizessem. Entrei em um espiral para baixo que durou cerca de três meses antes de atingir o fundo. Já estava na correria intensa por mais de uma década. Tudo bem, talvez por três décadas. A ambição geralmente faz isso com você. Eu era o adolescente que tinha três empregos, não porque precisava, mas porque queria. Era o aluno nota dez que fazia três cursos universitários ao mesmo tempo em que tinha vários empregos, estava me casando e começando uma família. Era o pastor jovem que não entendia a palavra *não*, enquanto acreditava que sono e exercícios eram destinados às pessoas que tinham tempo para essas coisas.

Minha fadiga acumulada teve um papel muito importante, mas o esgotamento é algo mais profundo que isso. Além do componente físico, havia os componentes espiritual, relacional e emocional. Essas eram as coisas nas quais não prestava muita atenção, até que elas se juntaram contra mim e fizeram com que minha vida desse uma parada brusca.

Espiritualmente, encontrei-me em um território bizarro. Nunca perdi minha fé. Nunca parei de ler as Escrituras, e ainda orava. Mas na dormência que acompanhou meu esgotamento, não conseguia mais sentir minha fé. Orava, mas parecia que minhas preces não passavam do teto. Lia as Escrituras, mas não sentia mais que elas estavam me lendo.

Relacionalmente, foi estranho. Parecia que havia passado pelo menos uma década com as pessoas tirando pedacinhos de mim. É assim que a liderança (e a vida) pode ser às vezes, caso não seja cuidadoso. Você sabe como é: parece que todo mundo quer um pedacinho de você — só uns minutinhos de seu tempo, só um conselho, só um momento para dar uma olhada em algo. E você doa e doa sem reabastecer, e em algum momento não sobrará mais nada.

O componente emocional de meu esgotamento pode ter sido o mais profundo. Eu já estava fazendo terapia e, embora em logo prazo isso estivesse sendo tremendamente benéfico, no meio tempo, era profundamente doloroso.

Depois de vários anos, acabei percebendo que uma parte grande da minha vida interior estava distorcida. Fico agradecido, pois não houve manchetes — não houve casos amorosos, desvios de dinheiro, nada que chamasse a atenção das pessoas. Porém, havia uma abundância de insegurança, de ciúme, de medo e de um profundo desentendimento sobre a identidade e realização. Passei a perceber que, em certa altura de minha infância, concluíra que o amor é recebido pelo rendimento. Quanto mais fizesse, mais amado seria.

Isso, de forma alguma, é como o amor funciona, obviamente. Mas sendo um líder jovem e ambicioso, eu não sabia disso. Essa perspectiva distorcida me levou a ciclos doentios de vício por rendimento, uma doença terrível para um palestrante. Logo que terminava o sermão no domingo, perguntava a minha esposa como tinha me saído. A conversa era sempre assim:

"Querida, o que achou da mensagem de hoje?"

"Foi boa."

"Boa? Tipo, só *boa*? Não achou que foi ótima?"

"Claro, foi muito boa. Ótima, acho."

"Mas, sério, você diz isso de coração? Ótima como?"

"Bem, acho que você ajudou muitas pessoas. Foi um tratamento sólido das Escrituras. Sua apresentação foi forte."

"Mas foi, tipo, *realmente* ótima?"

Mesmo ao escrever estas palavras agora, parece uma conversa entre um adulto e uma criança de seis anos de idade, mas é isso o que acontece quando há falta de maturidade emocional. A insegurança era tão profunda que, conforme minha esposa mostrou mais de uma vez, não havia palavras que fossem grandiosas ou abrangentes o suficiente para preencher o vazio.

Nunca havia pessoas, agradecimentos e reconhecimento suficientes para preencher o vazio no profundo do meu interior. Aparentemente, não parecia ser suficiente nem mesmo ter minha família, Reggie Joiner e Andy Stanley na primeira fileira elogiando minha apresentação, junto de milhares de outras pessoas. Não importa quanta água você coloque em seu balde se ele está todo furado.

Um Longo e Obscuro Verão

Tudo isso, e provavelmente muito mais, fez parte do meu colapso naquele verão de 2006.

Um mês depois de ter desembarcado do avião em Toronto, minha queda ao abismo movia-se rapidamente. Minha energia caiu como nunca antes. O mesmo se deu com minha motivação e com meu humor. O impulso que costumava me fazer levantar logo cedo desapareceu. E, embora nunca tenha ficado na cama o dia todo, houve dias em que esse era meu desejo.

Minha produtividade despencou. Como a maior parte de meu trabalho como pastor é intelectual e relacional, fico 100% dependente de minha energia mental e espiritual para produzir. E não havia quase mais nada delas. Escrever sermões passou a ser difícil, conectar-me com pessoas, desafiador, e até as coisas básicas, como responder e-mails, eram praticamente impossíveis.

Comecei a desenvolver um tipo de antropofobia (medo das pessoas) que nunca havia sentido antes. Sou naturalmente agitado e extrovertido. Na maior parte da minha vida, sempre amei estar com pessoas, gostava de falar com todo mundo e geralmente animava os ambientes. Naquele verão, comecei a ter medo de todos.

Tornei-me profundamente antissocial. Recusava-me a sair e não queria falar com ninguém além de minha esposa e filhos. Quando acontecia de eu sair — para estarmos com nosso pequeno grupo —, estacionava o carro na entrada e implorava à Toni para que me deixasse ficar ali. E quando acabávamos entrando (geralmente), tentava me esconder, com meu porte de 1,88m, atrás de minha esposa, que tem 1,61m, esperando que ela fosse meu escudo contra a humanidade.

Talvez a parte mais perturbadora de meu esgotamento tenha sido a perda de esperança. Sou uma pessoa otimista por natureza, mas durante aquele verão, e durante meses depois, foi muito difícil ver a esperança por perto. Perdi a esperança de que Deus pudesse me usar novamente. Achava que Ele tinha acabado com meu ministério e comigo. Comecei a imaginar se algum dia voltaria a ser útil para alguém, para trabalhar ou para qualquer outra coisa.

UM AMIGO FALSO E MORTAL

Minha situação ficou ainda mais obscura do que tudo isso. Mais de uma década depois, ainda não acredito que vou escrever esta próxima seção. Parte de mim não quer nem mesmo admitir que esta porção da história seja verdade. Mas é, e sei que este é um aspecto da experiência com o qual muitas pessoas poderão se identificar.

Já no fim do verão, comecei a pensar que a melhor maneira de superar o esgotamento era não enfrentá-lo. Como a esperança havia morrido dentro de mim naqueles meses, comecei a me perguntar se o mesmo não seria o melhor para mim também. Pela primeira vez na minha vida, comecei a pensar seriamente que o suicídio era a melhor opção. Como havia perdido a esperança, não era útil para ninguém, não conseguia fazer o que era necessário e estava causando todos os tipos de dores nos outros (uma conclusão que não vinha de algo objetivo), então, talvez, a melhor solução seria não mais estar.

Pela graça de Deus, nunca tive armas. Caso tivesse, tremo em pensar o que poderia ter feito contra mim mesmo em um momento de fraqueza. Não sou tremendamente coordenado e nem tenho habilidades técnicas, então imaginei que uma faca de cozinha provavelmente resultaria em coisas feitas de forma terrivelmente erradas. Em minha mente, minha opção preferida era jogar o carro em alta velocidade contra o suporte de concreto de uma ponte e acabar as coisas assim.

Não sei a proximidade com que cheguei a realizar isso. Nem de longe sou especialista para determinar a seriedade que uma ameaça assim tem. Embora nunca tenha soltado o cinto de segurança e nunca tenha passado do limite de velocidade perto de pontes, posso afirmar que o pensamento de terminar daquela forma tornou-se um falso amigo para mim, uma fonte estranha e perversa de conforto. E, de forma doentia, talvez um modo de me vingar contra um Deus e contra uma vida que estavam me decepcionando.

Ao olhar para trás agora, mais de uma década depois, para como me sentia naquela época, parece que era outra pessoa que estava lutando com esses pensamentos. É incrível como um episódio como esse pode brincar com sua mente, mas é *exatamente* o que o esgotamento faz: ele bagunça seus pensamentos. Eles formam a arena na qual o esgotamento pode ser uma besta cruel e selvagem. Sou muito agradecido porque não dei ouvidos àquelas vozes, mas compartilho isso, caso você possa estar ouvindo algo similar. Faça um favor às pessoas que você ama: não ouça. Não se entregue. Não desista. As vozes negativas estão mentindo. Você não é assim, e essa, definitivamente, não é a solução, mesmo que em alguns dias pareça o contrário.

Não é uma Questão Apenas dos Quarentões

Alguns anos após meu esgotamento ter cessado, decidi, nervosamente, conversar com outros líderes sobre aquilo, na esperança de que pudesse ajudar. Na primeira vez em que fiz uma apresentação sobre minha experiência de esgotamento, de maneira similar àquela usada na introdução à nossa primeira análise sobre o ceticismo, comecei dizendo: "Se você está na faixa dos 20 ou 30 anos de idade, talvez esta conversa não signifique muito para você. Na realidade, talvez você até queira guardá-la, e quem sabe um dia ela venha a ser útil para você ou para algum amigo."

Não estava preparado para a massa de jovens adultos que formaram uma fila para falar comigo após a apresentação. Quase todos disseram "Estou sentindo muitas das coisas que você descreveu."

Não fazia ideia. É como se o esgotamento tivesse se tornado uma epidemia. Quanto mais pessoas conheço e quanto mais observo nossa cultura, mais penso que pode haver muitas pessoas sofrendo de esgotamento ou daquilo que chamo de "esgotamento leve". Com isso, quero dizer que a alegria da vida se foi, mas as funções da vida continuam. Você não está morto, mas certamente não se sente mais vivo. Os sintomas não são suficientes para que as pessoas parem onde estão (como o esgotamento fez comigo), mas eles estão presentes o suficiente para destruir o significado e a maravilha da vida aos poucos.

Mostre-me um Sinal

Vários de vocês que estão lendo este livro sabem que estão à beira do precipício que chamamos de esgotamento. E provavelmente alguns estão em queda livre neste momento. O que é tão intrigante a respeito do esgotamento (e especialmente do esgotamento leve) é que vários dos sintomas são considerados "normais" pelas pessoas. Assim, como saber se você está indo em direção ao esgotamento?

Vou descrever 11 sinais e sintomas que experimentei no meu processo de esgotamento. Caso reconheça um ou dois deles, é bem provável que você não esteja esgotado. Considere-os como sinais de aviso. Caso demonstre de seis a oito, você pode estar em um estado de esgotamento leve, ou indo em direção ao penhasco. Se você se identificar com a maioria ou com todos eles, é provável que esteja em esgotamento máximo. Espero que estes sinais possam ajudá-lo a ver a beira do precipício, antes de cair nele.

1. Sua Paixão Desaparece

Todo mundo luta com uma falta de paixão de vez em quando, mas o esgotamento faz com que você fique em uma posição de contínua perda de motivação. Lembra-se da paixão? É o que o fez apaixonar-se, admirar as nuvens brancas em um dia de céu azul, dar pulos de alegria quando foi aceito na faculdade que escolheu e chorar quando viu seu primeiro filho nascer. É o que infundiu seu trabalho com entusiasmo e o fez virar um nerd talentoso e obsessivo com aquele hobby que você realizava com um sorriso no rosto. A paixão lhe trouxe vários tipos de coisas, e ela é um dos fatores que faz a vida e a liderança maravilhosas por um longo período de tempo.

Quando me esgotei, minha paixão se pôs como o sol. Eu sabia que o que estava fazendo era importante (liderando uma igreja local, cuidando da família), mas não conseguia mais senti-la. Percebi que uma pessoa sem paixão nunca conseguiria levar uma vida apaixonada. Mas simplesmente não conseguia mais encontrá-la. Minha paixão morrera.

2. Você Não Percebe Mais os Altos e Baixos

Quando está saudável, você *sente* as coisas. Experimenta altos e baixos. Ao me esgotar, não conseguia mais sentir nenhum dos dois adequadamente. Minha principal emoção era o anestesiamento. Era como se minhas emoções tivessem se tornado uma longa viagem de carro pelas Grandes Planícies... tudo plano por quilômetros sem fim. Quando nascia o filho de um amigo, intelectualmente sabia que era um momento importante e que deveria gerar alegria, mas não conseguia sentir isso. Por outro lado, quando alguém ficava doente ou estava com problemas, tampouco conseguia me sentir mal por aquela pessoa. Apenas me sentia anestesiado.

O esgotamento anestesia seu coração, e esse foi um dos primeiros sinais para mim de que a beira do precipício estava próxima. O anestesiamento do meu coração foi algo contra o qual batalhei por três ou quatro anos antes de mergulhar de cabeça no esgotamento. E mesmo agora, fico de olho, pois ele é um sinal de que algo possa estar errado.

Você foi projetado para celebrar quando as pessoas estão celebrando e se entristecer quando as pessoas estão tristes.[1] Caso isso não esteja acontecendo, há algo errado.

3. Pequenas Coisas Deixam Você Desproporcionalmente Emotivo

Não que as pessoas esgotadas não sintam emoção alguma, mas, nesse estado, você frequentemente experimenta emoções inapropriadas ou desproporcionais.

No processo que me levou ao esgotamento, e quando já nele, as pequenas coisas começaram a me deixar surtado. Coisas como um prazo perdido ou a louça que ficava suja na pia podiam até ser problemas com grau um ou três, em uma escala de dez, mas eu reagia como se fosse um onze. Isso nunca é bom.

Tratar as pequenas coisas como se fossem grandes e as grandes como se fossem pequenas são sinais de que algo mais profundo está errado.

4. Todo Mundo O Esgota

É certo que as pessoas são diferentes. Algumas o energizam. Outras não. Entendo isso. Na realidade que conhecemos, essa é a vida. Mas quando estava esgotado, *ninguém* me energizava mais. Nem mesmo minha família, meus amigos ou minha equipe de liderança. Na minha cabeça, sabia que eram pessoas boas, mas meu coração não conseguia sentir isso. Quando ninguém o energiza, eles não são o problema. Você é o problema.

5. Você Está Se Tornando Cético

Já exploramos o ceticismo nos Capítulos 1 e 2, mas vale a pena mencioná-lo como um sinal estendido do esgotamento. Não estou dizendo que o ceticismo em si seja uma prova de que você esteja esgotado. É possível ser cético por um longo tempo sem se esgotar. Mas, se perceber que seu ceticismo está avançando a passos largos, pode ser um sinal de que está se esgotando. O ceticismo nunca encontra um lar em um coração saudável.

6. Nada O Satisfaz

Um dos aspectos mais difíceis do esgotamento é que nada mais parecia me satisfazer. O sono não conseguia. A oração não conseguia. Nem mesmo as pessoas, a recreação, as férias, o trabalho ou a comida. Isso é um sinal de depressão e também é um sinal de que você está esgotado.

7. Você Não Consegue Pensar Direito

Quando se está no processo de esgotamento, o coração bagunça a cabeça e perde-se a habilidade de pensar claramente. Lembro-me de ter lido o suficiente a respeito das crises de meia-idade e de esgotamento para saber que as pessoas tomam decisões idiotas quando estão esgotadas. Então tinha uma conversa diária comigo mesmo que se resumia a cinco palavras: *apenas não faça nada idiota*. Isso incluía coisas como pedir demissão ou gritar com as pessoas. Dependendo do dia, simplesmente evitar a idiotice já é uma vitória.

8. Sua Produtividade Está Caindo

Um sinal que sabidamente me indicava que estava esgotado foi minha produtividade incrivelmente baixa. Sou, geralmente, uma pessoa e um líder bem produtivo (alguns até diriam altamente produtivo). Mas quando caí em esgotamento, até mesmo escrever um simples e-mail às vezes levava horas. Meus pensamentos não se compunham. Meu ritmo diminuiu bastante. E sentia como se houvesse uma nuvem entre mim e qualquer coisa que tentasse fazer. Caso esteja trabalhando longas horas, mas produzindo quase nada significativo, preste atenção.

9. Você Está Se Automedicando

Nos primeiros estágios do esgotamento, muitas pessoas recorrem à automedicação para anestesiar a dor. Isso pode envolver comer demais, vícios sexuais, bebidas, gastos impulsivos ou até drogas. Quando isso ocorre, você escolheu um caminho de automedicação, em vez de autocuidado, para lidar com a dor. Eu evitava bebidas, drogas e sexo fora do casamento. Minha medicação era, ironicamente, mais trabalho, o que apenas levou as coisas a despencarem mais. As pessoas em fase de esgotamento quase sempre escolhem a automedicação, em vez do autocuidado.

10. Você Não Dá Mais Risadas

Isso parece algo tão irrisório, mas na verdade é algo muito grande. Caso esteja em processo de esgotamento, você não dá mais risadas como costumava. Lembro-me de ter rido alto certo dia durante minha recuperação após ouvir algo no rádio. Foi então que minha ficha caiu: havia meses desde que tinha rido alto pela última vez. No processo de esgotamento, nada parece ser divertido ou engraçado, e no auge do processo você começa a ressentir-se com as pessoas que curtem a vida.

11. O Sono e as Folgas Não O Recarregam

Quando se está apenas cansado, uma boa noite de sono ou uma ou duas semanas de folga ajudarão a maioria das pessoas a voltar com as energias revigoradas. Caso esteja se esgotando, o sono e as folgas não resolvem mais. Você poderia tirar um mês de folga e, estando esgotado, não sentiria diferença alguma. Tirei três semanas de folga durante o verão de meu esgotamento e me senti pior no fim do período do que no início. Não recarregar as energias após tirar uma folga é um sinal importante de que você está se esgotando.

Você Se Reconhece?

Alguns de vocês podem estar realmente alarmados nesse momento porque identificaram oito dos onze sintomas — ou talvez todos os onze. Alguns podem estar preocupados com o cônjuge ou com um melhor amigo porque reconhecem os sintomas nele ou nela. E então, o que fazer?

Caso apresente qualquer sinal de esgotamento, busque ajuda profissional imediatamente. No meu ponto de vista, a melhor ajuda virá através de uma combinação de um médico e de um terapeuta cristão excelente e treinado. Seu médico o ajudará a descobrir o nível de gravidade dos sintomas, e um terapeuta habilidoso o ajudará a identificar as razões e condições que causaram seu esgotamento. Caso esteja em um estado de esgotamento ou se aproximando dele, posso garantir que você tem problemas. Tive um bocado deles. Toni havia insistido durante anos para que eu fizesse terapia antes de eu realmente ir. Era orgulhoso demais para ir. Eu *enviava* as pessoas para terapia, mas eu mesmo não queria *ir*. Que idiota! Minha esposa viu problemas que não consegui ver. Os outros viram problemas que não consegui ver. E eles estavam certos. Estava machucando os outros involuntariamente.

A verdade é que todos nós lutamos com problemas não resolvidos, e o quanto antes você lidar com eles, melhor será para você e para todos ao seu redor. Seu passado não resolvido fará seu futuro afundar, a menos que lide com ele. Foi isso que meus negócios incompletos e meus problemas não examinados fizeram a mim. Eles me fizeram trabalhar insanamente em um ritmo insustentável e ver as pessoas como projetos, e não como relacionamentos. Tornei-me viciado em rendimento, e Deus precisou intervir nesse espaço para que eu pudesse usar de forma saudável os dons que Ele me deu.

Os terapeutas cristãos me ajudaram a chegar no fundo daquilo tudo. Já passei por vários terapeutas ao longo dos últimos 15 anos e em momentos diferentes, e cada um exerceu um papel fundamental na minha cura e na minha formação espiritual. Talvez você não precise de mais que um, mas, para mim, obter a perspectiva certa no momento certo foi muito benéfico e libertador.

Por que sugiro um terapeuta cristão treinado? Primeiro, nem todos os terapeutas são ótimos no que fazem. Verifique tanto as credenciais como as referências. Busque uma recomendação de um amigo de sua confiança. Segundo, acredito firmemente na terapia cristã, não apenas porque seja cristão, mas porque acredito que o próprio âmago do problema do esgotamento seja espiritual. Se você deixar Jesus fora da cura, também deixará de fora muito do potencial curador.

Falando em cura, como você sai do esgotamento? Acredite se quiser, é possível voltar. E voltar muito mais vivo do que jamais foi. Foi o que aconteceu comigo, e não sou o único.

12

SEU NOVO NORMAL

Descobrindo Como Viver o Hoje para que Você Prospere no Amanhã

Em pleno esgotamento, ficava imaginando se chegaria a melhorar. Sabia que muitos outros haviam sofrido com isso antes de mim, e o que mais me assustava é que alguns nunca voltaram ao normal. Ou, se saíram do esgotamento, nunca mais foram os mesmos. Em alguns casos, até carreiras acabaram. Em outros, chamados foram abandonados. E às vezes, tragicamente, *eles próprios* se acabaram; a esperança nunca mais voltou de forma completa e eles nunca mais voltaram a ser as pessoas que eram antes.

Essa era a última coisa que eu queria que acontecesse comigo.

Estava aprendendo tanto sobre mim mesmo, mas o diagnóstico é diferente da cura. Saber que você tem problemas é diferente do trabalho delicado e profundo de curá-los. Cada história é diferente, as razões para seu esgotamento e sua profundidade podem ser diferentes das minhas. Consequentemente, sua recuperação pode ser diferente também.

No meu caso, comecei a me recuperar lentamente com o amor e auxílio de uma esposa maravilhosa, do pessoal da igreja, da equipe de liderança, de amigos próximos, da família, do terapeuta e de um Deus muito misericordioso. Levei, honestamente, alguns anos para me sentir verdadeiramente a passos plenos novamente. Recuperei entre 80% e 90% de minha força total no primeiro ano. Os 10% restantes levaram três ou quatro anos a mais.

Saindo do Esgotamento

Então como se recuperar do esgotamento? Aqui estão dez fatores que ajudaram a mim e a muitas outras pessoas. Começaremos com eles e depois analisaremos alguns princípios que podem ajudá-lo a evitar o esgotamento (ou que se esgote novamente).

1. Conte a Alguém

Isso foi difícil para mim. E é difícil para a maioria dos líderes, especialmente para os homens. Meu palpite é o de que você resistirá por causa do orgulho. E o orgulho pode ser algo que o levou ao esgotamento, para começar. Engula seu orgulho e conte a alguém de sua confiança que você tem um problema. Sei que é algo difícil a ser feito, mas, como já vimos, apenas a humildade o tirará de onde o orgulho o levou.

Independentemente do que faça, não mantenha para si mesmo a suspeita de que está esgotado. Nada de bom acontece quando você fica isolado. O caminho para sair do esgotamento passa pela comunidade, mesmo que imagine que o impacto de estar em comunidade tenha sido um dos fatores que o levaram ao esgotamento.

É difícil, mas contar a alguém é o primeiro passo rumo ao bem-estar. Ao admitir o fato para os outros, você finalmente acaba admitindo-o a si mesmo.

2. Desenvolva um Círculo ao Seu Redor

Contar a alguém é diferente de buscar ajuda. Seus amigos são uma parte vital de sua recuperação, mas eles não são treinados para isso e provavelmente ficarão impressionados com a profundidade de seus sintomas.

Você não esperaria que seu colega de pescaria tratasse seu câncer e, da mesma forma, ele provavelmente não pode tratar seu esgotamento. É por isso que você precisa de um médico e de um terapeuta. Mas seu colega de pescaria pode apoiá-lo nessa situação. E isso é vital. Você não consegue passar por isso sozinho. É verdade, não consegue. E, com frequência, os atos mais singelos podem fazer a maior diferença. Certo dia um amigo parou e apenas disse: "Sei que você não vai conseguir sentir isso hoje, mas o sol vai nascer de novo. Ele vai." Não consigo exprimir o quanto essas palavras significaram para mim naquele dia. Por que as amizades são importantes? Porque você precisa de pessoas que acreditem em você quando não acredita mais em si mesmo.

3. Continue Buscando Deus

Sei que, teologicamente, você pode achar que este deve ser o primeiro ponto. Afinal, se Deus é real, Ele também não é o primeiro? É, obviamente. Contudo, há dois desafios aqui. Primeiro, se suas emoções não estão funcionando e você se sente anestesiado quase o tempo todo, provavelmente não sentirá que Deus está ao seu lado. Mas apenas porque Ele parece silente não significa que esteja ausente. Eu não sentia Deus há meses. Nem mesmo quando orava, lia a Bíblia ou adorava.

Segundo, quanto mais espiritualizado você for, mais poderá ficar tentado a achar que você e Deus podem resolver isso entre si. Porém, Deus trabalha através das *pessoas*. Às vezes a forma mais tangível do amor de Deus é o amor que você recebe das pessoas que amam Ele.

No meu caso, nunca me permiti abandonar a fé. Simplesmente continuei lendo as Escrituras, orando e confiando, mesmo nos dias ruins — especialmente nos dias mais sombrios, quando não tinha o mínimo de vontade de confiar em Deus. Sou muito agradecido por ter continuado. Em momentos cruciais como esses, você busca Deus ou se afasta dele. Busque, incessantemente. Mesmo que não sinta nada. Fiz isso, até que os momentos de intimidade voltaram. Só porque você não consegue sentir o amor de Deus não significa que Ele não o ame.

Dessa forma, não desista. O que aprendi foi que a obediência é maior que minhas emoções. Em algum momento, suas emoções se alinham com sua obediência. À medida que fica mais saudável, suas emoções começam a funcionar corretamente. Às vezes elas funcionam até melhor do que antes.

4. Descanse

Eu me encontrava extremamente cansado física e emocionalmente quando me esgotei. Quando o esgotamento forçou minha parada, percebi o quanto estava exausto. Em meados de julho, durante o verão de meu esgotamento, entendi como o problema era profundo. Havia falado com minha equipe, começado a buscar ajuda profissional e estava fazendo tudo o que minhas energias permitiam em meu papel de pastor principal de nossa igreja.

Com a chegada do mês de agosto, percebi que não poderia mais adiar ter que lidar com minha profunda fadiga. Começando em agosto, passei a dormir dez horas diariamente pelo mês inteiro, além de mais alguns cochilos também. Foi necessário um mês de descanso intenso para que começasse a sair do anestesiamento e sentir um pouco de energia novamente. Tinha corrido muito por tanto tempo, que o ritmo tornara-se insustentável.

Foi então que comecei a perceber que o sono é como o dinheiro; o deficit vira dívida e as dívidas devem ser pagas. Paguei minhas dívidas de sono naquele mês e agora sempre tento estar certo de que não estou criando mais deficit. Caso isso aconteça, durante uma ou duas semanas, pago com mais sono. Não deveríamos ficar surpresos, mesmo nós que temos personalidade tipo A, que fomos projetados para passar um terço de nossas vidas dormindo e, além disso, um adicional de um sétimo de nossas vidas descansando. Agora sou zeloso em garantir meu sono, esteja em casa ou viajando. Quase nunca pego voos noturnos, porque sou uma pessoa matutina, e ficar acordado até tarde acaba com meu sistema por dias. Adotei os cochilos. Percebi que quase todas as pessoas são como os telefones. Começamos de manhã com 100% de bateria e, ao longo do dia, precisamos nos recarregar várias vezes. Um breve cochilo após o almoço pode me recarregar por horas. Dormir de sete a oito horas todas as noites tornou-se essencial para ter meu melhor rendimento.

Alguém disse, certa vez, que uma boa noite de sono corresponde a 70% do discipulado. Na minha concepção, isso está certo. Caso seja como eu e como a maioria das pessoas no planeta, você será sua versão mais gentil quando estiver mais descansado. Então, descanse.

5. Descubra Algo para Desviar Sua Atenção de Sua Dor

O problema com a dor é que, quando você diminui o ritmo, é frequente ter apenas a sua dor para a qual prestar atenção. E a dor é egoísta; mesmo a emocional demanda sua atenção. Não está convencido de que a dor é egoísta? Solte um tijolo de concreto em seu dedão e veja se consegue se concentrar em qualquer outra coisa. Em algumas vezes, descobri que a dor emocional do esgotamento é esmagadora. Sabia que, se continuasse focando a dor, ela ocuparia cada vez mais espaço em meus pensamentos e coração. Fiquei preocupado que ela pudesse me paralisar para sempre.

Então, o que fazer? A distração pode ser uma ferramenta poderosa para direcionar sua mente para outros pensamentos. Assista um filme. Saia para jantar. Faça uma trilha. Participe de uma festa. Não é fácil. Certa noite fizemos uma festa em casa e saí da mesa mais cedo para o quarto, onde fiquei chorando pelo resto da noite. Mas pelo menos fizemos a festa. Tirei minha mente do ciclo constante da depressão. A certa altura, não ter desistido da vida me levou de volta à própria vida.

6. Faça o que Puder

Talvez você precise de um longo ano sabático, mas às vezes é necessário fazer o melhor que puder para cuidar de si mesmo. Tirei três semanas de folga e depois voltei ao trabalho. Quando se está esgotado, é muito fácil se concentrar no que sente que não consegue fazer, o que, em alguns dias, parece ser tudo. Foquei minhas atenções em fazer o que *conseguia* fazer, e não o contrário. Nos anos após meu esgotamento, conversei com inúmeros amigos que são médicos. Eles me disseram que fazer o que puder é uma parte enorme na recuperação do esgotamento. Um deles me disse que as instruções que dá aos pacientes às vezes são tão detalhadas a ponto de dizer: "Hoje quero que você escove os dentes". Isso parece tão simples, mas quando a depressão e a exaustão tomam conta de sua vida, até mesmo escovar os dentes pode parecer algo impossível de se fazer. A mensagem? Continue se movimentando. Faça o que puder.

Decidi que voltaria a pregar após o término das minhas férias de três semanas. Ainda tinha memória muscular suficiente para escrever um sermão. No primeiro fim de semana em que preguei (que foi em agosto, o mês em que paguei minhas dívidas com a exaustão), todos aqueles que sabiam da minha condição me disseram: "Não fazíamos ideia de que você estava se sentindo tão mal. Você foi demais." Sabia como me sentia por dentro, mas foi bom saber que ainda podia ser útil para os outros de alguma forma.

O que você pode fazer hoje? Faça-o. Mesmo que não tenha vontade.

7. Não Tome Nenhuma Decisão Importante

Conforme compartilhei anteriormente neste capítulo, fiquei tentado a fazer várias coisas que poderiam ter arruinado minha vida. Fiquei com vontade de abandonar meu chamado, fugir de tudo e de todos que conhecia ou jogar meu carro contra uma parede de concreto. Em alguns momentos, criei uma realidade alternativa em que podia empilhar caixas, lavar carros ou cortar grama para sobreviver. Diferente de meu trabalho diurno, pelo menos nessas linhas de trabalho conseguia ver progresso todos os dias. Isso simplesmente parecia ser muito mais fácil do que o que estava enfrentando.

Porém, sabia que uma das decisões mais importantes que poderia tomar era não tomar nenhuma decisão importante, ponto-final. Por repetidas vezes, disse a mim mesmo para não largar o trabalho, não ter um caso extraconjugal nem comprar um carro esportivo. Pela graça de Deus, não fiz nenhuma dessas três coisas. As duas primeiras nunca serão parte do meu plano de longo prazo, mas um dia adoraria dirigir um Corvette 73 ou o novo Audi.

Tome suas decisões importantes em um dia bom. E quando você está esgotado, na verdade não há muitos dias bons. Caso tenha que tomar uma decisão importante (como mudar de emprego ou de cidade), recorra a seu círculo de amizade e às pessoas que lhe são próximas para que o ajudem a tomar uma decisão da qual não se arrependerá.

8. Chore por Suas Perdas

Um de meus mentores, Terry Wardle, certa vez me disse que o ministério é uma série de perdas não lamentadas.[1] Ele estava certo. O mesmo se aplica à vida. A vida pode ser uma série de perdas não lamentadas.

Pense em como a perda está envolvida com a vida. Seu melhor amigo decide se mudar para outra cidade. Um tio muito amado morre. Outra pessoa é promovida no trabalho. Seus pais se divorciam após 25 anos de casamento. Seu carro, que deveria aguentar mais um ano, é guinchado para o ferro-velho. Seu cônjuge contrai uma doença crônica. Muitas pessoas fingem que a perda não as machuca, quando, na realidade, é o que ela mais faz. E o pior, é difícil saber o que fazer com nossas perdas. Assim, simplesmente voltamos ao trabalho e continuamos com a vida. Durante anos, ao ler as histórias bíblicas sobre como as pessoas lamentavam, pensei: *O que há com essas pessoas? Por que ficaram lamentando a morte de Moisés por 40 dias? Não poderiam apenas ter ido ao funeral e depois voltado ao trabalho após o almoço?* Mal sabia eu que reservar um tempo para chorar suas perdas é uma das coisas mais saudáveis que você pode fazer.

Como mencionei, passei uma quantidade excessiva de tempo dormindo em agosto de 2006. Todas as perdas que havia ignorado por décadas não poderiam ficar mais guardadas. Para meu total espanto, não conseguia mais parar de chorar. Aos poucos, as lágrimas foram diminuindo. Então elas pararam e voltaram ao ritmo normal da vida. Quando parei de chorar, encontrei a superação e até mesmo a cura. Agora presto muito mais atenção aos sentimentos de perda. Oro a respeito deles. Processo-os. Ocasionalmente derramo lágrimas pelas perdas mais profundas, e depois sigo em frente.

Se você não chorar suas perdas durante sua recuperação, estará perdendo enormes oportunidades de colocar seu passado para trás, e assim ele continuará a sabotar seu presente e seu futuro.

9. Reabra Seu Coração

Como os sintomas do esgotamento incluem a perda da paixão, o anestesiamento emocional e o ceticismo, é provável que seu coração tenha se fechado de forma significativa durante o esgotamento. É essencial que você o reabra.

Como mencionei na parte I, um fator que contribuiu para meu colapso foi a quebra de confiança em algumas amizades. Por mais machucado e cético que estivesse em alguns momentos, tomei uma decisão consciente de confiar novamente e viver com meu coração aberto. Foi uma decisão difícil e um processo até mais difícil, porque um coração aberto o deixa vulnerável para que seja machucado novamente.

Porém, o maravilhoso é que muitas pessoas *são* confiáveis! Além do mais, Deus sempre é. E isso significa que você passará a ter muitas amizades novas e profundas, reascenderá e fomentará as antigas e realmente experimentará a vida que está vivendo. Confiar novamente, após sua confiança ter sido violada, mantém seu coração revigorado, vivo e — finalmente — esperançoso mais uma vez.

Já faz mais de uma década desde meu esgotamento e ainda cuido de seus sinais regularmente. Embora isso seja importante, viver em modo de evitação não é de fato viver. É necessário ser mais profundo.

10. Viva o Hoje de tal Forma que O Ajude a Prosperar no Amanhã

Descobri um antídoto para o esgotamento, que, para mim, pode ser mais bem resumido em uma única frase que criei em minha fase de recuperação: *viva o hoje de tal forma que o ajude a prosperar no amanhã*. Se quero manter o bem-estar e evitar o esgotamento novamente, preciso viver de tal modo hoje que, de forma espiritual, emocional, relacional, física e financeira, me ajude a prosperar amanhã.

É possível você trapacear durante um ou dois dias e deixar que a atenção a seu bem-estar falhe um pouco? É claro que sim. Mas descobri que se trapacear por uma ou duas semanas, o precipício começa a aparecer mais rápido do que gostaria. E, além disso, o que vale viver sua vida de tal forma a apenas evitar o perigo? Por que não tentar prosperar, em vez de meramente sobreviver?

Portanto, como viver o hoje de modo que me ajude a prosperar no amanhã? Manter a saúde em todas as cinco principais áreas da vida (espiritual, emocional, relacional, física e financeira) tornou-se alta prioridade para mim. Na fase de pré-esgotamento, costumava espremer até a última gota de cada hora e de cada dia que pudesse, e pensava que a saúde era um luxo que eu não podia bancar. Talvez você ache que separar um tempo para encontrar a saúde diariamente *reduziu* minha eficácia e produtividade. Para minha surpresa, tanto minha eficácia quanto minha produtividade se multiplicaram. Escrevi quatro livros em sete anos, comecei a postar no meu blog regularmente, lancei dois podcasts, comecei a dar muito mais palestras e encontrei mais tempo para meu casamento, minha família e meus amigos. E, para adicionar, nunca estive tão em forma. Isso também fez minha paixão se multiplicar. Tenho mais energia e entusiasmo para hoje e amanhã aos 50 anos de idade do que jamais tive. A alegria nunca foi tão profunda, e as oportunidades nunca foram maiores.

Ninguém mais é responsável por sua saúde. Você é. Ore, leia sua Bíblia, busque amizades vivificantes, recarregue suas energias, coma corretamente, faça exercícios, ame profundamente. Essas coisas nutrem sua alma. Se você não as fizer, ninguém mais as fará por você.

UMA PALAVRA AOS RESISTENTES

Quando o assunto é esgotamento, a negação é um acelerador. Talvez você ache que é mais forte que o esgotamento. É muito provável que não seja. Lembre-se, você está no controle até que caia no precipício. Depois disso, o controle já era.

Ou talvez pense que está apenas cansado ou que as regras não se aplicam a você. Bem, boa sorte com isso. Cada dia que continua em negação torna *mais* possível o esgotamento, e não o contrário. Em vez de cuidar de si mesmo e de lidar com seus problemas, você continua cada vez mais perto da beira do precipício.

É importante destacar que é mais fácil encontrar alívio do ritmo do que do peso. O ritmo pode ser controlado de forma relativamente fácil. Tire um dia de folga. Desligue seu celular. Cancele algumas reuniões. Tire férias. Ponha os pés para cima. Bum, seu ritmo fica ajustado.

No entanto, o descanso por si só nunca lhe trará o alívio do peso da vida ou da liderança. O peso da vida não é nada leve. Ele é o que você *sente*. Ele é a tremenda responsabilidade que muitas pessoas acham impossível ignorar, mesmo que estejam descansando. O peso é o estresse que você sente em relação ao seu casamento, seus filhos, suas finanças, seu crescimento, aos problemas das pessoas, à dinâmica de equipes no trabalho, à saúde, às crises e a muito mais.

O orgulho e o medo também exercem papéis interessantes em termos de lidar com o esgotamento. Como já vimos, o orgulho o fará pensar que consegue dar conta de tudo. Contudo, em determinada altura você percebe que não consegue, e é quando o companheiro do orgulho, o medo, entra em cena. E o medo fará com que você não fale para ninguém que não consegue dar conta. O orgulho e o medo são os vilões na história do esgotamento. Primeiro, eles fazem com que você não admita e, depois, que não conte a ninguém. Ambos lhe dirão que ainda há muito tabu atrelado ao esgotamento, à ansiedade e até mesmo à depressão, de modo que muitas pessoas não se sentem confortáveis para falar a respeito disso.

Espero que este capítulo seja mais um prego no caixão do medo e do orgulho. Admita sua dificuldade. Peça a alguém que o ama para ler este capítulo com você, ir ao médico com você, conseguir um terapeuta para você e orar por você.

Reviravolta Total

Odiei meu esgotamento. Se você tivesse conversado comigo nos primeiros meses da minha queda, eu teria lhe dito que tinha certeza de que Deus havia me deixado. Ou que estava me torturando. Se já passou por isso, sabe do que estou falando.

É muito bom podermos olhar para trás e entendermos as coisas. Agora vejo que Deus estava fazendo algo no âmago de meu esgotamento. Ele estava se livrando de partes de mim que estavam contra mim, contra Ele e contra os outros. E doeu. Ele estava abrindo novas partes de minha alma que eu nunca havia visto. Também estava me perdoando e ajudando para que eu perdoasse a mim mesmo. Ele estava me ajudando a me relacionar melhor com as pessoas. Estava me tornando um melhor pai, marido, líder e amigo.

Repito, isso é a *santificação*, o processo de ser tornado santo, que dura a vida inteira. *Santo* pode parecer um termo místico, incapaz de ser definido, mas, em sua raiz, significa "ser separado". A santificação é um processo de sair de onde você costumava estar e passar a ser muito mais um reflexo do caráter e da natureza de Cristo. Mais humildade, menos orgulho. Mais amor, menos indiferença. Mais bondade, menos aspereza. Não importa qual seja sua perspectiva de fé, a maioria das pessoas concorda que uma pessoa que é humilde, amável e bondosa fará uma contribuição muito mais positiva a esta vida do que alguém que é orgulhoso, indiferente e mordaz.

Temos a ideia de que Deus usa as pessoas perfeitas; que, de alguma forma, todos deveríamos ser totalmente humildes, amáveis e bondosos; e caso sejamos, Deus nos usará. Mas, se você analisar mais profundamente, isso é categoricamente falso. Deus prefere usar as pessoas quebrantadas. Elas chegaram ao fundo de si mesmas e aprenderam que nunca houve muita coisa ali dentro. As pessoas quebrantadas chegam àquele ponto onde descobrem a pobreza interior e precisam olhar para além de si mesmas em busca de renovação e força. Acredito que Deus me usou na vida e na liderança antes de me quebrantar durante o esgotamento, mas também acredito (e acho que outros confirmarão) que agora sou mais receptivo a Deus, pois há menos de mim. Esse é o resultado de passar pelo quebrantamento.

Você será tentado a pensar que Deus o deixou na escuridão noturna de sua alma. Mas não foi isso. Assim como um cirurgião, Ele está operando. E quando você se entrega a Ele, é para seu bem e para a glória Dele. Este momento de sua vida não precisa acabar em derrota. E quando você o entregar a Cristo, isso nunca acontecerá, não importa como se sinta.

Vá Longe o Suficiente Até Encontrar a Gratidão

Alguns anos atrás, meu bom amigo Jeff veio dos Estados Unidos e passamos um tempo juntos em um incrível centro de retiro canadense, cerca de uma hora ao norte de onde vivo. Ele lidera uma igreja grande nos EUA e entrou em esgotamento. Assim como muitas outras pessoas, ele não esperava por isso.

Jeff havia tirado uma folga de 30 dias e estava determinado a voltar com 100% de suas forças ao fim do mês. Já era o 15º dia de seu período sabático quando nos encontramos, e suas perguntas naquele dia foram: "Carey, quando isso vai acabar?" e "Vai demorar para me recuperar?" E depois, emendou: "Isso não acaba nunca."

São essas as perguntas que todos nós de personalidade tipo A fazemos, e pensei nas perguntas daquele dia. Refleti sobre minha própria recuperação lenta e o trabalho que Deus fez. Oramos juntos, e então eu lhe disse: "Não apresse as coisas e não as atrase. Deixe que isso leve o tempo necessário. Jeff, o que sei é o seguinte: se Deus quer algo mais profundo, é porque Ele quer que você vá longe." Quanto mais penso sobre esse insight, mais percebo sua veracidade.

Eu teria aceitado alegremente receber um quebrantamento moderado em troca da recuperação imediata. Quando sua dor é profunda, é natural pensar em qualquer forma de escape. Apenas agora percebo como Deus foi misericordioso, sábio e compassivo ao fazer com que o processo de quebrantamento fosse tão profundo. Ele sabia o que estava por vir. Eu não. Ainda não sei o que está por vir, mas Deus sabe.

Também há uma promessa escondida na dor. Se Deus está realizando a cirurgia, é porque Ele quer lhe trazer cura. É um sinal de seu amor. Então permita que Deus lhe atinja tão profundamente quanto Ele quiser. Se Ele chegar à raiz de sua doença, você despontará como uma nova criatura. Você ainda será você, mas será um você diferente, um você mais parecido com Cristo.

Aconteceu outra coisa naquela visita a Jeff. Enquanto caminhávamos em direção ao lago e ele me perguntava sobre meu esgotamento, dividi com ele algumas das coisas que compartilhei neste capítulo. Foi então que tive uma emoção estranha, que nunca havia sentido quando pensava ou falava sobre meu esgotamento. Senti *gratidão*, gratidão genuína porque Deus foi tão gracioso a ponto de me quebrantar e me guiar pelo processo. Foram necessários nove anos inteiros até que conseguisse me sentir agradecido pelo que aconteceu, as lágrimas rolaram de meus olhos quando terminamos a caminhada.

Independentemente de como esteja se sentindo agora — imune ao esgotamento porque conseguiu prevê-lo, sofrendo de um esgotamento leve, no fundo do poço ou começando a se recuperar — quero que saiba o seguinte: Deus não está ausente.

Ele está muito presente. Na realidade, se você trabalhar com Ele, Ele fará algo grandioso em sua vida. Não custa repetir: se Deus quer algo mais profundo, é porque Ele quer que você vá longe.

E é por isso que, talvez, você também será agradecido.

Parte VII

VAZIO

13

QUANDO TODOS OS SEUS SONHOS SE REALIZAM

Por que o Dinheiro, o Poder e o Sucesso Deixam Você Se Sentindo Vazio

Sei exatamente como me senti no dia 20 de junho de 2015. É engraçado como podemos reviver em detalhes as emoções de um dia em particular. Posso lhe dizer o que fazia a cada hora, relembrando os sentimentos relacionados a cada evento. De muitas maneiras, foi o dia em que meus sonhos da internet se realizaram. Qualquer um que já tenha criado qualquer coisa online (mesmo que seja uma conta em uma mídia social) entende a tensão diária criada na espera de que mais pessoas possam ver o que você postou. Mesmo que não esteja tentando constituir seu público ou um negócio online, todos conhecemos o sentimento de frustração de quando postamos uma foto na qual estamos fazendo algo que amamos e descobrimos que apenas três pessoas curtiram.

Se você entende esse sentimento, saberá como um escritor online se sente. Sou uma pessoa orientada por objetivos, e o número de visualizações de páginas e de visitantes em meu blog era uma questão de fascínio para mim (tudo bem, obsessão).

Naquele único dia de 2015, 436 mil pessoas visitaram meu blog em um período de 24 horas. Caso você esteja se perguntando se esse tráfego online é considerado normal para alguém como eu, a resposta é, hum, não. Na verdade, isso não é considerado um tráfego normal para ninguém cujo nome não seja Beyoncé ou que não esteja associado com o *The New York Times*. Para um mortal comum como eu, isso é um número insano de leitores. É o mesmo que dizer que cada pessoa que mora na cidade de Minneapolis ou Tulsa tocasse minha campainha para ler o que escrevera sobre determinado assunto. Ou o mesmo que o estádio dos Dallas Cowboys ter enchido 4,3 vezes sua capacidade para acomodar a multidão. Loucura! Pela primeira vez entendi o significado da palavra *viral*.

Com certeza, foi um momento muito emocionante. Qualquer escritor que diz escrever apenas para se autoexpressar e que o número de leitores não importa está mentindo ou delirando. É óbvio que você quer que as pessoas leiam o que escreveu, senão você não seria escritor.

Mas, aquilo? Nunca tinha visto nada parecido. Meu *viral* anterior havia alcançado algo em torno de 24 mil visualizações em um dia, o que já era inimaginável para mim. Porém, naquele dia de verão, quando parte do mundo apareceu no meu site, ficava cada vez mais espantado e meu coração dava pulos de emoção toda vez que atualizava o status da página. No fim daquela semana, o post alcançara mais de um milhão de leitores e tinha mais de 250 mil compartilhamentos.

Então, como esse tipo de sucesso fez eu me sentir?

Surpreendentemente, a sensação não durou nem perto do que achava que duraria.

Para começar, um milhão de pessoas não apareceram de novo na semana seguinte, quando postei conteúdo novo. As pessoas pegaram o que precisavam e voltaram às suas vidas. É claro, meu público cresceu um pouco e meus leitores regulares também ficaram agradecidos, mas os integrantes de meu império momentâneo, em sua maioria, voltaram às suas próprias atividades.

Em segundo lugar, isso criou o sentimento de que talvez eu tivesse atingido o ápice ou de que aquele tráfego todo fora apenas um acaso. As chances de ver tantos leitores assim novamente em um curto período de tempo eram pequenas. Será que eu me contentaria em escrever para cinco ou dez mil pessoas por dia novamente? Foi tudo tão... decepcionante.

E, em terceiro lugar, a situação me fez refletir sobre que tipo de egomaníaco feroz sou. Tenho amigos blogueiros o suficiente para saber que não sou o único que fica com a adrenalina lá em cima por causa dos números. Quase todos nós os verificamos regularmente e, como regra, quase todos preferimos mais do que menos. Não seria isso apenas humano? Mas, acima de tudo, a experiência me fez sentir muito mais vazio do que achei que faria caso alguém tivesse me dito que um dia um zilhão de pessoas leriam meu blog. Depois de um momento, minha reação foi de indiferença. *Isso aí, essas pessoas todas realmente apareceram um dia.* Foi um sonho de escritor que se realizou. Mas o sonho rapidamente me deixou sentindo, bem, vazio.

Reconhece Isso?

Não é surpresa que o *vazio* foi um sentimento que tive mais de uma vez em minha vida, mais particularmente após um ápice. Aconteceu isso quando me formei na faculdade de Direito, após nossa igreja ter se tornado a maior de nossa denominação e após ter terminado alguns projetos de construção multimilionários.

Não me entenda mal. Sou agradecido. Muito agradecido. E reconheço que parte disso foi causado pela insegurança, contra a qual continuo me esforçando. Mas se sentir inseguro ("Não pertenço a este lugar; não mereço isso") é uma sensação diferente de simplesmente se sentir vazio. O sentimento de vazio é algo que vi afligir um número surpreendente de pessoas bem-sucedidas. É ele que leva os advogados que ganham rios de dinheiro a comprar um bilhete de loteria e berrar para sua equipe: "Se ganhar esta coisa, nunca mais verão minha cara de novo."

Na verdade, o vazio que tantas pessoas sentem na vida é mais intenso durante o sucesso do que no fracasso. Quando você falha, não há outro lugar para ir se não para cima. Mas quando está em cima, quando fez aquilo que os outros apenas sonharam em fazer e ainda não se sente ótimo... bem, e agora? A maioria das pessoas tem a noção de que *uma vez que atingirem certo patamar ou conseguirem certa coisa, a vida começará para valer em sua totalidade e finalmente serão felizes e realizadas.* Só que as coisas não funcionam assim. Você termina a faculdade, mas descobre que ainda há algo em seu interior que diz haver mais. Encontra o amor de sua vida, casa e tem filhos. E é ótimo, mas ainda assim, o que é aquela coisa interior que diz que deve haver mais? Você consegue um emprego e depois começa a fazer carreira, ganha aquela posição dos sonhos, mas mesmo assim há uma implicância silenciosa, porém muito real, que diz que não é aquilo tudo que você sonhava ser. Você define outros objetivos — descanso, férias e faz planos para guardar dinheiro —, mas, mesmo assim, os momentos altos continuam a ter curta duração. Continue assim e, antes que possa perceber, terá convencido a si mesmo de que a aposentadoria preencherá o buraco que nada mais pôde preencher. É assim que o jogo funciona.

E também é um jogo no qual se perde. Você fez tudo que sabia fazer, tudo que tinha que fazer para trazer-lhe satisfação e ainda não consegue evitar sentir-se um pouco vazio. O que está acontecendo?

O Homem Vivo Mais Rico

Há um momento em que a maioria de nós fantasia (mesmo que brevemente) sobre o que aconteceria se tivéssemos mais dinheiro do que conseguíssemos gastar, se pudéssemos apenas estalar os dedos e todos os nossos desejos se tornassem realidade. Então seríamos felizes, certo?

Pode ser que você não se sentisse tão vazio se tivesse tanto dinheiro que nunca mais precisasse se preocupar. Ou se tivesse a casa dos seus sonhos, pudesse escolher os mais exóticos carros e um chef pessoal para fazer omeletes deliciosos todas as manhãs e oferecer seleções para o jantar que você não sabe nem como se pronuncia. E, é claro, nesse cenário, você nunca mais teria que esperar no trânsito, porque seu helicóptero ou avião particular o levaria para longe disso tudo.

Todos nós temos ideias diferentes sobre como uma vida ótima seria, e talvez sua visão idealística seja mais artística, altruística ou aventureira.

Talvez você deixasse seu emprego, comprasse um trailer vintage e saísse dirigindo pelo continente (ou faria um mochilão ao redor do mundo), e diria adeus à cultura convencional. Imagine, apenas por um momento, que conseguisse realizar qualquer que fosse sua ideia de paraíso: dormir sob o céu estrelado da Ásia, praticar esportes extremos o tempo todo, ter seu melhor amigo por perto o tempo todo ou até passar verões sem fim em uma praia com areia branca circundada de águas cristalinas. Conseguiu visualizar?

Independentemente de sua visão de uma vida idílica, em qualquer momento, em todas as gerações, alguém terá de ser o ser humano vivo mais rico e poderoso. Três mil anos atrás, era um cara chamado Salomão. Ele não ficou no topo da lista por apenas um ou dois dias. Ele *era* a lista. Ele tinha tanto dinheiro que seus excedentes pessoais desvalorizaram a prata por uma geração.[1]

Ele era um homem da Renascença antes mesmo de ela existir. Ele era globalmente reconhecido por ser especialista em Botânica, História, Filosofia, Arquitetura, Música, Arte e Gastronomia. Era como se Salomão fosse a junção de Benjamin Franklin, Warren Buffett e Albert Einstein. Acrescente Calígula aí no meio também, porque Salomão também teve 700 esposas e 300 concubinas (e você acha que *seu* casamento é complicado).

Se alguém podia ter isso tudo, esse alguém era Salomão. Os líderes mundiais vinham dos quatro cantos do globo para se sentarem a seus pés e, ao irem embora, diziam: "Isso foi muito melhor do que havíamos ouvido". Com que frequência algo assim acontece? Certo, nunca. Com a exceção de quando Salomão estava por aqui. Perto do fim de sua vida, ele refletiu sobre tudo isso. O que tinha para dizer é chocante. Minha *mente* sabe que ele está certo, mas meu coração berra: "Não, não pode ser! Dê-me a chance de provar que ele está errado. Pegarei todo seu dinheiro e influência e serei feliz. Sim, serei. Prometo."

Salomão narrou sua subida ao poder, fortuna, fama e sabedoria, bem como sua tentativa de encontrar a felicidade nisso tudo. Ele começou de maneira interessante:

> Que grande inutilidade... nada faz sentido!
> O que o homem ganha com todo o seu trabalho em que tanto se esforça debaixo do sol?
> Gerações vêm e gerações vão, mas a terra permanece para sempre. O sol se levanta e o sol se põe, e depressa volta ao lugar de onde se levanta. O vento sopra para o sul e vira para o norte; dá voltas e mais voltas, seguindo sempre o seu curso. Todos os rios vão para o mar, contudo o mar nunca se enche; ainda que sempre corram para lá, para lá voltam a correr.
> Todas as coisas trazem canseira. O homem não é capaz de descrevê-las.[2]

Que forma mais peculiar para começar uma conversa, não acha? Parece que todas as habilidades sociais de Salomão desapareceram em sua velhice, ou que talvez ele deveria ter lido sobre o ceticismo na parte I deste livro. Mas o que ele disse é muito valioso. Ao longo desse trecho, ele nos leva através da incansável subida ao sucesso, que ele realizou como nenhum outro, e nos diz como a jornada e o destino foram realmente.

A Pessoa Mais Inteligente da Sala

Muitas pessoas se dedicam a ser as mais inteligentes e espertas que podem, seja na área que escolheram ou na vida em geral. Estou familiarizado com o aprendizado, tendo três graduações no currículo (História, Direito e Teologia). Não entrei para o mercado de trabalho em tempo integral como contribuinte da sociedade antes dos 31, tão longo foi o período de aprendizado. É fácil pensar que a chave do contentamento é *saber* mais. Faça outro curso. Leia mais livros. Esteja perto de pessoas inteligentes. A sede pelo conhecimento é insaciável e ela pode lhe dar certa vantagem. No entanto, será que ela o satisfaz da forma que você esperava? Salomão era, conforme todos os relatos, brilhante. Veja o que ele descobriu:

> Eu me esforcei para aprender bem tudo o que existe no universo...
>
> Disse, então, para mim mesmo: "Bem, eu sou muito mais estudado que todos os reis que meu país já teve. Sou mais sábio e experiente e conheço mais sobre qualquer assunto".
>
> Por isso me esforcei bastante para ser sábio em vez de tolo — mas agora vejo que isso também era correr atrás do vento.

> Porque quanto mais eu aprendia, mais aflito ficava.
>
> Quem aumenta seus conhecimentos só aumenta sua tristeza.[3]

Salomão descobriu, em primeira mão, que o conhecimento é tanto uma bênção quanto uma maldição. Saber mais não o faz feliz; na verdade, ele observou, isso o fez mais triste. Isso vale se você tem um QI alto; isso também vale quando ganha conhecimento sobre a condição humana. Quanto mais sabe sobre as pessoas, mais complexa e desafiadora a vida fica. Depois que compra uma bicicleta para seu filho de cinco anos, por exemplo, pode passar a perceber que as pessoas roubam bicicletas de crianças, o que o deixa triste, tanto por seu filho quanto pelo tipo de pessoa que faz tal coisa.

O conhecimento de Salomão o fez inteligente, o que também o ajudou a ser bem-sucedido. Ele ganhou fortunas, uma reputação estimada e praticamente todas as outras coisas que o mundo tem a oferecer. Curiosamente, Salomão nos revelou sobre como ele tentou usar as armadilhas do poder e da influência para preencher o vazio interno. Ele usou muito de seus vastos recursos para automedicar o vazio assombroso que sentia em meio a seu sucesso. É um padrão que vi se repetir várias vezes nas pessoas, especialmente nas bem-sucedidas. Não é necessário ser a pessoa viva mais rica para entender a dificuldade. De segunda a sexta não está sendo o suficiente para você? Bem, há outras opções. Salomão as explorou o máximo possível.

É Festa, Meu Filho Rebelde

Frustrado pela falta de realização que o conhecimento e o poder trouxeram a ele, Salomão decidiu que a diversão seria uma ótima opção. Na realidade, a diversão é uma opção escolhida por muitas pessoas. Cerca de 70% da mão de obra dos EUA é descompromissada no trabalho — odeio ter que dizer isso.[4] E o que você faz quando odeia o trabalho? Se for como a maioria das pessoas, vive pelo fim de semana.

Salomão tentou isso também. Seus fins de semana pareciam ser demais. Ele não ficava exatamente em uma casa de lago sem diversão, andando em um jet ski azul-claro que já tem 25 anos de uso e que só liga se ficar reconectando os cabos da bateria, como muita gente faz. Quando se tem dinheiro, faz com que a diversão vá ao seu encontro. Foi o que ele fez. Chama os amigos, dá risada, relaxa, finge que todas as noites são noites de sexta-feira e altera um pouco seu estado de espírito, certo? Salomão já passou por isso:

> Disse, então, para mim mesmo: "Vamos, experimente; divirta-se! Aproveite a vida ao máximo!" Mas acabei descobrindo que isso também era tolice. É bobagem viver rindo o tempo todo; qual a vantagem disso? Assim, depois de pensar muito, resolvi experimentar a bebida, sem, porém, deixar de procurar a sabedoria mesmo nisto. E também experimentei as farras, para poder provar a única alegria que tem a maioria dos homens durante a vida.[5]

Festejar é uma ótima maneira de se automedicar. Isso é eficaz para mascarar a dor chata. Junte alguns amigos, comece a cantarolar, abra uma garrafa, fume o que quer que estiver fumando e logo você esquece seus problemas. Não estou dizendo que isso seja bom; estou apenas dizendo que isso acontece milhões de vezes a cada fim de semana porque as pessoas não sabem que outra coisa fazer.

Salomão captou essa ideia. Você percebeu aquela última parte do que ele disse? Preste bastante atenção. Ele disse que a *única alegria* que muitas pessoas sentem nesta vida é um agito no fim de semana. Essas festas revelam um sinal de que há algo faltando em sua vida. Na realidade, a maioria das pessoas que festejam muito não sabe por que faz isso. Às vezes a automedicação surge antes do diagnóstico. Se de uma única taça de vinho você tenha passado para três (ou para a garrafa inteira), está brincando de ser farmacêutico com receitas que não estão mais sendo usadas conforme orientação. Ou se está esperando que seu estado legalize logo aquilo que você está usando, é um sinal claro de que está se automedicando devido a uma angústia profunda.

Salomão percebeu a dor primeiramente, e depois aplicou o curativo representado pelas festas. Porém, muitas pessoas festejam antes e apenas depois descobrem qual é a dor. Às vezes elas nunca descobrem o que as levou a esse lugar, para começar. É como se Jack Nicholson estivesse parafraseando Salomão quando perguntou: "Será que melhor é impossível?" Muitas pessoas chegaram à conclusão de que ficar bêbado ou chapado *é* o melhor possível na vida. Acho que se todas as outras coisas o deixam sentindo-se vazio, pelo menos você não percebe o fato por algumas horas. Salomão fez suas festas durante um momento, mas acabou saindo de cena com o tempo, chegando à conclusão de que isso também era tolice. Ele passou a fazer outras coisas.

VOCÊ VIU MINHA COLEÇÃO DE CARROS?

As festas não são a única maneira de escapar do vazio. A terapia das compras é outra forma bem-estabelecida de automedicação. As pessoas bem-sucedidas se encontram aptas a comprar e acumular muito durante a vida, e Salomão tinha mais dinheiro do que podia gastar. Mas ele decidiu tentar mesmo assim.

E isso nos leva a uma jornada fascinante. Muito tempo atrás, alguém compartilhou comigo uma progressão para o sucesso e acumulação. É simples, mas muito verdadeira. Quase todos nós nos envolvemos com ela de alguma forma, e quanto mais dinheiro temos, mais verdadeira ela fica.

Está pronto? Uma vez que entendê-la, você a verá em todos os lugares:

- Mais
- Melhor
- Diferente

Esta é a progressão. Você começa com *mais*, passa para *melhor* e acaba com *diferente*. Deixe-me explicar.

A primeira coisa que você faz no momento em que começa a ganhar dinheiro suficiente para ir além de apenas pagar a casa e fazer compras no supermercado é acumular mais. Seu carro econômico de quatro cilindros passa a ser seu segundo carro, pois você adquire um SUV para a família (a maioria dos urbanos têm SUVs, pois nunca se sabe quando pode encontrar um caminho de pedregulhos). Você se muda de sua casa para um local com maior metragem quadrada. Seu guarda-roupa se expande. O mesmo ocorre com sua despensa, pois agora tem dinheiro para comprar dois pacotes de salgadinhos (o que também pode explicar por que seu guarda-roupa está crescendo). O primeiro passo ao sucesso é *mais*.

Porém, logo você percebe que todo mundo tem um pouquinho a mais, e se pergunta como se diferenciar. Então sai do mais *rumo* ao *melhor*. Você dá adeus a seu SUV para receber motores alemães. Sua casa maior dá lugar a uma casa customizada. Adquire uma TV mais moderna com um belo sistema de som de cinema. Troca os salgadinhos a mais por salgadinhos orgânicos. (No supermercado luxuoso que agora você frequenta, eles são chamados de "folhados de queijo naturalmente fabricados de forma artesanal e gourmet." Deve valer a pena pagar $8,00 por eles.) Você trocou *mais* por *melhor*. Mas ainda não é o suficiente, porque seus amigos também têm coisas melhores agora.

O último degrau da escada é o *diferente*. Outros podem ter mais e melhor, mas isso é único, especial e raro. Você não pode apenas se juntar àquele clube de golfe. É preciso ser convidado. Eles sempre lhe oferecem aquela mesa no restaurante, mas você sabe que a lista de espera é de três meses. Sim, esta é uma cópia antecipada de *O Hobbit*. Na verdade, a primeira edição verdadeira. Pertence à impressão original de apenas 500 cópias datadas de setembro de 1937. Ah, e você viu minha coleção de carros?

Se fizer parte do *diferente*, bem, tudo em sua vida será algo raro ou customizado. Até seu cão tem uma casa sob medida. (Você sabia que a casa do Rex foi feita com um revestimento raro de castanha-do-pará?)

Escale o suficiente na escada do sucesso e o *mais* lhe trará o *melhor*. O *melhor* o levará ao *diferente*. Aonde o *diferente* o leva? De acordo com Salomão, que conseguia fazer a parte do *diferente* melhor que qualquer outro ser vivo, ele o leva ao *desespero*. Veja a opinião dele sobre *mais*, *melhor* e *diferente*:

> Depois procurei encontrar a realização lançando um grande programa de obras públicas: construí casas para mim, plantei videiras, jardins e pomares, parques cheios de belas árvores. Mandei construir açudes onde ajuntei água para regar as minhas plantações. Comprei escravos, homens e mulheres, e muitos escravos nasceram em minhas casas e fazendas. E tive muitos bois e ovelhas, mais do que qualquer outro rei antes de mim. Recebi muito ouro e muita prata, dos impostos que eu cobrava aos reis dos países próximos. Organizei também corais e orquestras, com bons cantores e cantoras. E além de tudo isso, eu tive muitas mulheres, todas lindas.
>
> Com tanta riqueza, fui mais importante e poderoso que todos os outros reis que haviam reinado em Jerusalém. Mas, não deixei a riqueza subir à cabeça e observava todas essas coisas para descobrir o valor que elas tinham. Tudo o que eu quis, consegui para mim. Provei todas as alegrias da vida. Cheguei mesmo a ter prazer no trabalho e no cansaço, mas esse prazer foi a única recompensa de todo o meu esforço. Quando vi tudo o que havia tentado, tudo era inútil! Era correr atrás do vento! Não havia nada no mundo que valesse a pena realmente.[6]

Essa é uma condenação razoavelmente generalizada da escada do sucesso. E não é apenas o vazio das *coisas*. Sua escalada de associado júnior ao nível da diretoria foi rápida e celebrada, mas, mesmo assim, todo esse progresso e sucesso deixam você se sentindo vão. A parte estranha, é claro, é que o que deveria lhe trazer satisfação não traz. Não é que você seja ingrato. Na verdade, seu sucesso e o vazio que o acompanha fazem com que se sinta culpado. Você *é* agradecido e percebe que está muito melhor que tantos outros, mas a persistente pergunta continua: *Sério, é isso?* Essa combinação — "Sei que deveria estar agradecido e estou, mas sério?" — gera uma angústia grave e profunda.

Você sabe que deveria estar mais feliz. Então por que ainda se sente vazio? Por que nada disso causou o que achava que causaria? Por que há este oco torturante? Salomão conseguia ser empático, e vou sugerir que o patrimônio líquido dele e sua escalada ao topo ultrapassam o seu por uma larga margem. Ele chegou ao topo mesmo. E isso era vazio.

O Ciclo É Cruel

Tragicamente, aquilo a que muitas pessoas recorrem para se reconstruir acaba trazendo mais destruição. A solução que buscamos acaba apenas trazendo mais problemas. Assim como você pode gastar centenas de milhares de reais e passar décadas de sua vida indo atrás de *mais*, do *melhor* e do *diferente,* apenas para ver que é tudo insuficiente, as pessoas tentam anestesiar a dor do vazio com coisas que só pioram a situação. Há muito mais lenitivos falsos do que reais nesta área. Vamos passar por mais duas opções antes de chegarmos ao antídoto, e não é para deixar você deprimido, mas para identificar aquilo que *achamos* que vai ajudar, embora raramente ajude.

1. Mais Trabalho

Se não curte muito as festas porque não quer bagunçar sua vida com substâncias, com buscas vás ou com outras distrações, você ainda terá de lidar com o vazio. É fácil e até natural se jogar ainda mais no trabalho ou começar alguma atividade em paralelo para consumir seu tempo.

Essa foi uma armadilha fácil para eu cair. Como sou cristão e pastor, consumir drogas ou beber muito álcool nunca foram opções de escape para mim, mas o trabalho, bem, aí a história foi outra. Os workaholics têm o vício mais recompensado nos EUA hoje. Talvez você seja despedido por beber demais, no entanto, trabalhar demais geralmente lhe trará uma promoção. E também um aumento.

Quando relembro minha primeira década na liderança, percebo que as horas malucas que trabalhava estavam camuflando o vazio que senti quando parei. Um de meus maiores medos quando estava na faixa dos 30 era, como Pascal sugeriu, ficar a sós com meus pensamentos. Adorava a correria de estar ocupado, sendo requisitado e vendo o progresso em nossa igreja. Quando estava em casa, queria ter pessoas por perto e estar envolvido em atividades constantes. Até fazia questão de ter música tocando o tempo todo. Estar a sós e em silêncio me deixou profundamente incomodado e rapidamente revelou o vazio interior. É irônico perceber como o silêncio exterior pode revelar tanto sobre a inquietação interior.

Para mim, as horas que dedicava ao trabalho foram um fator significativo de contribuição para meu esgotamento (como descrevi na parte VI). Mas, naquela época, correr explosivamente ao futuro era uma maneira fácil de escapar do vazio. Até, é claro, que bati em um muro.

Caso você esteja trabalhando horas demais, sabe dizer o porquê? Talvez você diga: "Ah, é apenas uma época corrida." Mas não se engane. Eu costumava dizer isso o tempo todo. Você sabe a verdade sobre as épocas? Elas têm inícios e fins. Caso sua época não tenha um início e um fim, não é uma época; é sua vida. Lembre-se, é saudável trabalhar, mas trabalhar demais não.

2. Buffet Livre

Comer demais é outra forma devastadora de automedicação que nossa cultura abraçou calorosamente. E quando uso a palavra devastadora, não é no sentido metafórico. Globalmente falando, a obesidade agora mata três vezes mais pessoas do que a subnutrição.[7] E mesmo que ela não o mate, pode afetar sua qualidade de vida de forma significativa. Estar acima do peso ou até obeso é quase normal hoje em dia em muitos círculos na cultura ocidental.

Sendo alguém que precisa observar meu peso cuidadosamente (e geralmente observo ele subindo), sinto as dores da situação. Amo comida e amo comer, muito mais do que amo me exercitar. O que complica é que comer demais é algo socialmente aceitável. Assim como o vício no trabalho pode lhe trazer uma promoção, comer demais traz celebração. Quando foi a última vez que esteve em um jantar festivo e o garçom lhe serviu brotos de feijão com tofu e disse para você comer menos do que tinha em seu prato? Certo, nunca.

Não, nós celebramos a companhia dos outros cedendo à tentação da comida. Faço isso também. Pratos gourmet, churrascos irresistíveis e sobremesas — nunca se esqueça das sobremesas. Fazemos isso até mesmo na igreja. Nossos jantares ao estilo "junta panelas" são apenas uma forma socializada e sancionada de glutonaria. A comida é a droga escolhida por muitos cristãos. Em sua essência, o ato de comer demais constitui-se no mesmo problema sobre o qual Salomão escreveu, apenas tendo uma forma diferente. Estar cheio após as refeições também não cura o vazio.

Apetite pela Sedução

Sendo assim, o que abastece o ciclo de automedicação e o desejo insaciável por mais? Subjacente à busca constante por mais (mais trabalho, bebidas, remédios, comida, sexo ou qualquer outra coisa) está um *apetite*. E os apetites são coisas estranhas.

Pense nisso. Seu apetite o deixa descontente com o que tem. Depois ele o convence de que aquilo que vem a seguir o satisfará. Ele o seduz a acreditar que aquilo que você sabe que não é verdadeiro ("Nunca estive satisfeito antes") é verdadeiro ("Mas ficarei satisfeito da próxima vez"). Salomão descreveu essa tensão muito bem: "Mesmo que vejamos tudo que existe, não ficamos satisfeitos; podemos ouvir todos os sons, mas nem assim ficamos contentes".[8] Como já percebemos, a comida é um exemplo clássico dessa dinâmica. Tenha você a tendência de comer demais ou não, quando algo tem um gosto maravilhoso, sua reação imediata é simplesmente querer mais, pensando que isso satisfará seu apetite.

Algumas pessoas param, mas a maioria não, e então rolam ladeira abaixo induzidos pelo apetite. Obviamente, a realidade é que comer mais faz desejar mais. Se fizer isso um número suficiente de vezes, seu estômago se expandirá fisicamente para acomodar mais comida, e você será um comilão. Quando isso acontecer, você estará comendo muito mais do que costumava, e, *ainda assim*, seus desejos nunca estarão satisfeitos.

O problema com o mais é que não há uma linha de chegada. Não há fim. Quanto trabalho é o suficiente? Quantas promoções? Quanta comida, sexo, dinheiro ou poder serão necessários? Quantos remédios? Quanto álcool? Se sua resposta for simplesmente mais, você precisa de uma resposta melhor.

Automedicação ou Autocuidado?

Caso esteja se automedicando, o que deve fazer? Obviamente, se desenvolveu um vício, o melhor a ser feito é buscar ajuda. Consulte-se com um médico e interne-se em uma clínica de reabilitação. Faça o que for necessário para quebrar a tração incessante do vício. A terapia também é uma ótima ideia. Caso não saiba o que está motivando seu vício, você será levado a ele incessantemente.

Mas após ter se livrado de um vício, qual é o próximo passo? É aqui que entra em cena o autocuidado. Já falamos sobre vários aspectos do autocuidado em outras partes deste livro, mas vamos ver mais alguns. Pessoalmente, descobri que sempre que começo a me automedicar (e meus dois venenos costumeiros são mais trabalho e mais comida), o melhor remédio imediato é o autocuidado. Pense nisto: quando está se automedicando, você geralmente ignora algumas coisas fundamentais que não deveria negligenciar. Como já vimos neste livro, o autocuidado é um componente crucial de uma vida verdadeira. O vazio da vida o empurrará para a automedicação, e quando chegar lá, o caminho mais rápido de escape será o autocuidado. Ele também é uma maneira de mantê-lo afastado do fosso, para começar, uma vez que as pessoas que praticam o autocuidado raramente se automedicam.

Para realmente cuidar de si mesmo, faça esta pergunta diariamente: o que preciso fazer (ou não preciso fazer) para que possa viver o hoje de forma que me ajudará a prosperar no amanhã? Essa pergunta servirá como filtro que o empurrará ao descanso quando estiver cansado, o fará parar de comer quando estiver satisfeito, o incentivará a fazer exercícios quando for necessário, a colocar rédeas em seu apetite, a renovar seu coração e fazer qualquer outra coisa que seja necessária para que você prospere.

O autocuidado pode interromper a insanidade da automedicação, mas ele não pode solucionar a condição humana básica do vazio. Então, o que pode solucionar? Compartilhar com você a única coisa que sei que pode fazer isso.

14

VENHA A MIM O MEU REINO?

Superar a Si Mesmo Não É tão Assustador Quanto Você Pensa

Todo mundo tem uma segunda opção de carreira. Sabe aquilo que você fará com sua vida caso seu emprego atual acabe ou se pedir as contas em um dia de fúria? Provavelmente você tem uma. Tenho dezenas, e como ser estrela de rock parece algo inatingível no momento, às vezes penso em marketing. Caso tudo se desmorone, talvez eu possa trabalhar em uma agência de criação tentando fazer com que pessoas até então desinteressadas passem a ter interesse por novas coisas.

Por causa desse interesse, fiquei de olho nas teorias de marketing e tendências ao longo dos anos, e um dos princípios do marketing básico é entender o que os publicitários chamam de WIIFM: "What's in it for me?"* Todos os bons publicitários sabem que, se um produto chegar a ser vendido, o publicitário precisa responder bem à pergunta WIIFM.

Intuitivamente, você entende isso. O único motivo pelo qual, como consumidor, você comprará um produto (seja sabão líquido para lavar

---
* N.T.: "O que há nisso para mim?"

roupas ou um computador novo) é porque acredita que ele tornará sua vida melhor. Você acredita que a resposta à pergunta WIIFM será que o valor do produto iguala-se ou excede o quanto custa. Se algo que compra não deixa sua vida melhor ou lhe traz menos valor do que pagou, você vai querer devolvê-lo. Se não puder fazer isso, nunca mais o comprará novamente.

Para acelerar o WIIFM, a propaganda também o leva a uma jornada estranha. Como vimos antes, os publicitários criam um descontentamento com aquilo que você tem. Sua camisa atual (ou telefone, refrigerador, carro) não é mais boa o suficiente. Ela está velha demais, desbotada demais ou desajeitada demais e, sendo assim, você precisa de um produto novo que seja mais rápido, mais brilhante, mais elegante e melhor. Então compra um novo e todos os seus problemas se resolvem. Até que chega o ano seguinte. Então os fabricantes apresentam uma versão *melhor* para o mercado e o que você acabou de comprar agora está velho demais, devagar demais, desbotado demais ou desajeitado demais. E assim o ciclo se repete.

Adivinhe como isso o faz se sentir? Perpetuamente descontente. E caso não tenha cuidado, isso também o deixará sem dinheiro. Nada é bom demais por muito tempo. E o descontentamento faz com que se sinta vazio. Você passou todas as coisas por um filtro chamado "você" durante toda a sua vida e ainda não está feliz.

O pior é que, como a fórmula WIIFM está tão permeada na cultura, você a aplica mentalmente em tudo que faz. Pense no casamento. A pergunta secreta que todos fazemos no relacionamento com nosso cônjuge é: "O que há nisso para mim?" Essa pergunta pode se alastrar para o fato de você ter filhos, o que justifica por que não fica chateado com eles apenas quando fazem bagunça, mas também pelo fato de como isso se reflete em você na frente de sua família e de amigos. Seus filhos não estão entregando o fluxo de alegria constante que você esperava que lhe trariam. E caso estejam, então isso faz com que se sinta ótimo na frente de sua família e de seus amigos, o que o leva de volta às presas do orgulho.

Suspiro.

Não há fim à triste insatisfação de fazer de *você* a missão de sua vida. Nenhum emprego lhe ofereceu direito o que você esperava. Talvez até tenha oferecido por um tempo, mas não durou muito. Mesmo suas amizades podem ficar desgastadas rapidamente porque, bem, o que elas fizeram por você ultimamente? Se o WIIFM tornar-se seu filtro espiritual, cuidado. Nenhuma igreja será boa o suficiente, nenhum grupo será bom o suficiente, e vai parecer que Deus poderia fazer mais por você. Tudo isso o deixa se sentindo tão vazio, desiludido e triste. (Tudo bem, talvez eu desse um péssimo publicitário, pensando bem. Este capítulo é basicamente um suicídio prematuro de carreira.)

No entanto, tudo isso nos leva ao antídoto para o vazio. De várias formas, o antídoto é um prego enorme no caixão do WIIFM.

Está pronto? Se quiser vencer o vazio, *encontre uma missão que seja maior do que você*. Enquanto fizer com que sua vida gire em torno de seu umbigo, sentirá o vazio rodada após rodada. Como a maioria das coisas que valem a pena na vida, essa ideia é fácil de ser compreendida e muito difícil de ser vivida. O que, exatamente, significa ter uma missão na vida que seja maior que você? Por padrão, praticamente tudo dentro de si funcionará contra uma missão que não seja maior que você. A coisa está andando. *Se eu não cuidar de mim*, você está pensando, *quem cuidará*?

Fica até mais profundo que isso. Você é a pessoa com quem acorda todo santo dia de sua vida. É o denominador comum em cada experiência que teve. Consequentemente, filtra todas as suas experiências, todo o seu aprendizado, todos os seus relacionamentos e tudo que veio a você nesta vida através de seus próprios olhos.

É exatamente por isso que é necessário parar de fazer com que *você* seja sua missão. Você precisa de uma missão muito maior que si mesmo. Mesmo que tenha "se encontrado" naquela viagem que fez após a faculdade alguns anos atrás, agora precisa de algo maior que aquilo. Então, como se desenrolará sua necessidade de uma missão que seja maior do que você? Ao buscá-la, você a encontrará em cada canto para o qual olhar.

Na Verdade, Ninguém Quer Trabalhar Para Você

Um dos motivos pelos quais 70% dos funcionários são descompromissados no trabalho é o fato de que as pessoas não entendem o propósito maior ou a missão por trás do que fazem, e a maioria dos gerentes e líderes nunca tenta levar as pessoas em direção a algo maior. Se a missão de um funcionário gira em torno dele mesmo, e a missão de um gerente gira em torno dele mesmo também, é muito fácil ver o confronto se aproximar.

Alguns anos atrás, um pensamento não saía da minha cabeça: *Na verdade, ninguém quer trabalhar para mim*. O que quero dizer com isso é que ninguém quer trabalhar para *mim*. Tive a sorte de ter algumas equipes ótimas, sendo que trabalhei com muitas delas por anos. Mas, mesmo sendo um líder sênior em uma organização, percebi que a maior motivação não é o fato de que as pessoas quererem trabalhar para *mim*. Servir a mim não é um grande chamado. Nem servir a você. Sabe o que motiva as pessoas a se engajar profundamente no trabalho? Uma missão que seja maior que você e eu — uma causa que faça elas saírem da cama de manhã. Elas querem fazer a diferença. As pessoas querem fazer do mundo um lugar melhor. Elas querem deixar uma marca no universo. E se, como líder, posso ajudá-las a fazer *isso*, terei por anos uma equipe motivada.

Tenha você acabado de lançar uma startup, supervisione um turno em um café, gerencie uma grande divisão ou seja o CEO de uma das empresas da Fortune 500, se receber o pagamento for o principal objetivo de seus funcionários, eles pedirão demissão. Se as mais de 40 horas de trabalho deles buscam apenas reduzir os custos, aumentar o resultado final e garantir ótimos rendimentos nos relatórios para as partes interessadas, eles acabarão se desengajando.

O dinheiro não é a missão. O dinheiro *financia* a missão.

Você não é a missão. Sua função é mostrar a missão às pessoas — uma missão em que vale mais a pena passar uma grande parte da vida trabalhando.

Dê uma causa às pessoas, uma missão para fazer alguma diferença no mundo, uma maneira de ajudar os outros, e elas se unirão. Informe a elas que seus esforços fizeram uma diferença na vida de alguém, e elas não verão a hora de levantar da cama no dia seguinte novamente.

Quase todas as empresas são criadas porque seus fundadores querem resolver um problema, seja ele desentupir os ralos nas casas das pessoas a um bom preço, fazer um café melhor em um ambiente chique ou levar uma pessoa a Marte. Há uma causa que é maior do que apenas trabalhar para o chefe ou gerar lucro. Isso exige o melhor de nós mesmos e nos leva a fazer algo maior. Mas, ao longo do caminho, nos esquecemos de que é isso o que motiva as pessoas.

Venha a Mim o Meu Reino

Por que será que a missão motiva de uma forma que *eu* nunca consigo? Por que será que tentar satisfazer nossas necessidades é tão frustrante no fim das contas? Acredito que isso está associado com o próprio propósito da vida. Cerca de 1.000 anos após Salomão ter registrado suas observações sobre a futilidade disso tudo, Jesus atingiu a essência da frustração que todos sentimos e propôs uma solução deveras radical: "Quem perder sua vida por minha causa a salvará; mas quem insistir em conservar a sua vida a perderá".[1] Dito de outro modo, a própria coisa que mais tememos — perder o controle de nossa vida — é a chave para a vida.

No processo de tentarmos encontrar a vida — de reivindicá-la como nossa e de construir, adquirir, acumular, suceder, encontrar e criar, na esperança de encontrar uma satisfação profunda —, nós a perdemos se o objetivo for a autorrealização. Mas no próprio ato de entrega, de abrir mão de nossa vida, nós a encontramos. As palavras de Jesus têm um significado que pode ser interpretado em diversos níveis. Em primeiro lugar, elas são um convite claro para confiar sua vida a ele como Salvador. É Seu convite para fazermos Dele nosso salvador e líder de nossa vida. No meu ponto de vista, essa é a decisão mais importante que se pode tomar na vida. Seu eu real é encontrado apenas em um relacionamento vivificante com Cristo.

Mas as palavras de Jesus vão além disso. Se apenas confiarmos nele e nos tornarmos cristãos, rapidamente retornaremos ao Reino do Eu. Nosso relacionamento com Cristo e nossa abordagem à vida girará em torno daquilo que podemos ganhar com isso tudo: *O que Deus tem feito por mim ultimamente? Qual é a próxima coisa que Cristo vai me oferecer?* É tão fácil amar mais o presente do que o doador do presente e transformar nossa vida em busca pela felicidade, tendo Deus apenas como mais uma arma em nosso arsenal! Isso explica por que tantos cristãos ficam desiludidos e caminham para longe. Compreender Deus como se fosse uma máquina de venda automática é uma teologia ruim, especialmente quando você coloca nela sua moeda e a barra de chocolate não sai.

Isso também explica por que tantas pessoas que não se consideram cristãs ficam frustradas com o egocentrismo de cristãos que estão claramente buscando seus próprios interesses egoístas. Pode ser que eles vão para o céu, mas tentarão obter o máximo de vantagens desta terra e de outros enquanto estiverem por aqui. Eles não se entregaram a uma missão maior. Eles não estão vivendo por uma causa que seja maior do que eles próprios.

Não importa onde você se encontre espiritualmente, faça a seguinte pergunta a si mesmo: *Para qual reino estou vivendo?* Se eu não tiver cuidado, sempre viverei pelo Reino do Eu. Mesmo sendo cristão, posso rapidamente permitir que minha vida espiritual e minha vida em geral tornem-se "Venha a mim o meu reino; seja feita minha vontade". Se você não estiver seguro a respeito disso, apenas passe alguns momentos em um encontro cristão de orações. Os pedidos são frequentemente uma longa lista de tudo aquilo que queremos que Deus faça por nós. Parece até que precisamos informar, aconselhar e corrigir Deus, porque claramente ele precisa de mais informações. Não estamos seguros de que podemos confiar nele, então nossa lista é longa.

Deus realmente quer que expressemos aquilo que precisamos ou mesmo o que queremos, mas dizer essas coisas a Ele não deveria ser a essência do relacionamento. A oração não é um botão a ser pressionado; é um relacionamento a ser buscado.

Se eu orar para que seja feita minha vontade, o resultado será eu ter mais de mim mesmo. Se eu orar para além disso — para que seja feita a vontade de Deus —, o resultado será ter mais de Deus. Sendo o mais honesto possível, qual reino você está buscando?

Uma Alternativa Assustadora
(mas Você Já Sabe Disso)

A alternativa a viver para si mesmo é morrer para si mesmo. Entendo como isso soa assustador. É chocante para mim também.

No entanto, se pensar mais profundamente sobre isso, perceberá instantaneamente que é um ótimo negócio. E é por isso que continuo me entregando à ideia. Afinal, as pessoas que mais admira nunca são *egoístas*. O egoísmo parece uma boa ideia apenas para o egoísta, da mesma forma que o orgulho é atrativo apenas para o orgulhoso. A humildade lhe proporcionará o que o orgulho nunca conseguirá. As outras pessoas naturalmente ficam perto de pessoas que vivem por uma causa além de si mesmas.

Se você pensar na conclusão lógica, a única coisa mais assustadora do que morrer para si mesmo é viver para si mesmo. Lembra-se de como uma vida devotada ao eu acaba o deixando? Certo. Ela o deixa sozinho. As pessoas mais egoístas que conhece afastam os outros para longe de si mesmas. O egoísmo acaba com casamentos, destrói relacionamentos entre pais e filhos, arruína amizades e, no trabalho, faz de você um líder que ninguém quer seguir. E durante todo o processo, você se afundará em uma autopiedade, imaginando por que ninguém gosta de você.

Por outro lado, quando morre para si mesmo, algo maior surge. Quando sua vida não gira em torno de você mesmo — quando supera a si mesmo e vive além de si mesmo —, finalmente está em uma posição para que Deus o use e para que os outros percebam a alegria de estar com você.

Volte àquela cena do funeral que imaginamos no Capítulo 3 (aquela na qual sua família reduz sua vida inteira a alguns parágrafos e, posteriormente, a apenas uma frase). Sabe do que as famílias se recordam? "Nossa, ele era altruísta em sua devoção à mamãe." Ou "Ela abriu mão de tanto para garantir que tivéssemos o necessário." De maneira similar, seus funcionários se lembrarão de você não porque produziu resultados trimestrais surpreendentes, mas porque foi gentil com eles. Você se importou com eles. Você os ajudou. Trouxe o melhor deles para fora ao buscar algo maior do que todos vocês juntos.

O Reino do Eu é um reino triste. E um reino que o deixa sentindo-se muito vazio.

Morra para ele.

Uma Vida que é Maior que Você

Para ser sincero, como líder de igreja, sempre senti que tinha uma vantagem injusta a respeito de encontrar uma missão maior que a mim mesmo. Isso porque estou convencido de que a igreja tem a melhor missão do mundo. Independentemente de como você escrevê-la, a missão da igreja geralmente se resume a ajudar as pessoas a encontrar um relacionamento cada vez melhor com Jesus Cristo. Durante a maior parte de minha vida adulta, tive o privilégio de me devotar a essa missão e ajudar outras pessoas a fazer o mesmo.

E você? Como pode encontrar uma missão que não seja a respeito de si mesmo? Eu o encorajo a colocar Cristo no centro de sua missão. Talvez você já faça isso ou talvez não esteja bem nesse ponto ainda. Estou seguro sobre o seguinte: o vazio no seu interior desaparecerá apenas quando decidir parar de fazer com que sua vida seja a respeito de si mesmo. Você precisa de uma missão que seja maior do que você.

Não importa qual seja ela, quando você morrer para si mesmo, algo muito maior aparecerá. O silêncio não será mais assombroso; ele será animador. Você terá tempo para refletir, orar, sonhar e imaginar um mundo melhor.

Suas interações com as pessoas melhorarão grandemente conforme você começar a pensar no que pode oferecer, em vez de no que pode receber. O autocuidado será muito mais atraente do que a automedicação. Você pensará muito menos em usar suas posses para um aproveitamento pessoal e mais em usá-las para ajudar os outros. E até mesmo suas realizações estarão muito mais atreladas para realizar uma missão do que costumavam estar.

E, no processo de abrir mão de sua vida, você a encontrará.

Conclusão

CALVINO ENCONTRA-SE COM HOBBES

Então, talvez *exista* uma alternativa à observação previamente mencionada de Thomas Hobbes de que a vida é suja, brutal e curta. Espero que este livro tenha direcionado você a essa alternativa. Mas como juntar todas as informações? Como garantir que você *consiga* perceber se o vazio, a desconexão, o ceticismo ou qualquer outra coisa sobre a qual falamos estiver indo em sua direção? Como evitar que a observação de Hobbes se torne seu epitáfio?

Anos atrás, enquanto João Calvino, outro advogado, estava tentando descobrir o sentido da vida, ele começou seu tratado sobre o cristianismo e a religião com a seguinte frase: "Sem um conhecimento de si mesmo não há um conhecimento de Deus".[1] É fascinante que um homem conhecido por sua teologia (seu pensamento posteriormente passou a ser chamado de Calvinismo) começasse com *auto*conhecimento. Calvino acreditava que aqueles que não conhecem a si mesmos nunca conhecerão totalmente Deus.

Isso é um desafio para aqueles que chamam a si mesmos cristãos. Às vezes os cristãos podem espiritualizar demais a vida. É muito mais fácil olhar para o alto ou para fora do que olhar para dentro. Olhar para dentro — colocar nossa vida em frente a um espelho — expõe a profundidade de nossas falhas, e, sinceramente, a maioria de nós preferiria focar os erros dos outros. Porém, Calvino começou nesse ponto. Ele disse que, se você espera algum dia conhecer Deus, precisa conhecer a si mesmo.

Permita-me lhe fazer uma pergunta: quão bem você conhece a si mesmo? De verdade? Obviamente, espero que agora que leu este livro, sua resposta possa ser: "Bem, melhor do que costumava me conhecer". E é um ótimo começo. Mas o aspecto ao qual Calvino se referia é mais profundo. O autoconhecimento o levará a lugares profundamente significativos. Sócrates disse isso de outra maneira: "A vida não examinada não vale a pena ser vivida." (Quem diria que Sócrates e Calvino seriam amigos?)

Assim, o que o ajudará a perceber essas coisas vindo em sua direção a cada vez? Até mesmo em referência a assuntos que este livro não mencionou e a problemas sobre os quais você jamais pensou a respeito? Dizendo de uma maneira simples, o autoconhecimento associado com uma caminhada junto a Deus o ajudará. Ao estar intimamente relacionado com suas próprias emoções e inclinações, e profundamente informado sobre os caminhos de Deus, você terá uma chance muito maior de perceber essas coisas vindo em sua direção — não importam o que *elas* sejam. Pessoas autoconscientes têm um conhecimento lúcido de seus motivos, desejos, sentimentos e caráter. Elas também estão sintonizadas em como suas ações afetam os outros. Quanto mais autoconsciente você for, mais chances terá de perceber todas aquelas coisas vindo em sua direção.

Anos atrás, Daniel Goleman abalou o mundo com uma nova teoria: a de que a inteligência emocional era tão ou mais importante para o sucesso do que a inteligência intelectual.[2] Ele argumentou que isso se aplica à vida e à liderança. Sua teoria sobre a inteligência emocional abalou o mundo empresarial (e, indiscutivelmente, *o* mundo). Goleman identificou cinco componentes principais da inteligência emocional, sendo que o mais importante é o autoconhecimento. Na realidade, se você crescer em autoconhecimento, os outros quatro fatores da inteligência emocional (autocontrole, motivação, empatia e habilidades sociais) se tornarão muito mais fáceis de dominar.

O QUE APENAS AS PESSOAS AUTOCONSCIENTES SABEM

Dessa forma, a pergunta passa a ser: quão bem você conhece a si mesmo? Uma forma de avaliar seu nível de autoconhecimento é descobrir o que apenas as pessoas que têm autoconhecimento sabem. Durante minha experiência, percebi quatro coisas. Elas parecem ser bem simples, mas é surpreendente ver quantas pessoas vivem a cada dia sem percebê-las.

1. O Impacto em Outras Pessoas

De todas as características das pessoas autoconscientes, esta é a mais cativante. Elas entendem não apenas como são suas próprias emoções e ações, mas também que estas afetam os outros. Pense sobre a desconexão. O problema-chave que tive é que não percebi como era estar do outro lado de mim.[3]

Isso parece simples, mas as implicações são assustadoras. Pense nisso. Quantas vezes você teve um dia ruim e apenas ficou se perguntando o *porquê* disso? E quantas vezes seu misterioso dia ruim teve um impacto negativo em seu cônjuge, seus filhos e seus colegas de trabalho? Muitas vezes, até demais, não é? Eu também. É isso que o autoconhecimento e a inteligência emocional começam a nos mostrar. Eles interrompem o processo. As pessoas autoconscientes se recusam a permitir que um dia ruim, em seu interior, atinja os outros, no exterior. E mesmo quando permitem isso acontecer, elas percebem que estão machucando os outros e pedem desculpas, ou tomam outros passos para mitigar os danos.

Quando para de usar *suas* emoções como o único filtro através do qual processa suas atitudes e ações, você cresce como pessoa. Você se controla e fica mais interessado nas outras pessoas do que em si mesmo. Caso queira ficar mais inteligente emocionalmente, esteja consciente do impacto que suas emoções têm nos outros.

2. Suas Fraquezas

Ninguém gosta de admitir que têm fraquezas, mas todos nós as temos. Quanto mais eu vivo, mais percebo como minha posição favorável é pequena. Faço bem apenas algumas coisas, e todo o restante vai ladeira abaixo. Sua compreensão e o respeito que tem por suas fraquezas realmente fazem com que seja mais fácil para outras pessoas trabalharem com você, e de modo mais valioso. Todos nós já conhecemos alguém que quer participar da banda, mas que é todo desafinado. As pessoas autoconscientes entendem suas fraquezas e limitam suas atividades em áreas nas quais não têm talentos. Isso causa duas coisas:

- Cria espaço para que outras pessoas brilhem.
- Permite que elas passem a maior parte de seu tempo usando suas próprias forças.

Considere o impacto que a simples aceitação de suas fraquezas pode ter apenas em sua família. Depois, em seu ambiente de trabalho. É necessário humildade verdadeira para que as pessoas admitam os pontos em que não são fortes, mas essa característica é muito cativante.

3. Suas Forças

Se por um lado é necessário ter humildade para reconhecer suas fraquezas, o fato de reconhecer suas forças não significa que seja orgulhoso. Você tem dons, competências, talentos e habilidades, e seria um tanto egoísta não se apoiar neles. Se usar seus dons como parte de uma missão maior e para o benefício dos outros, você verdadeiramente evitará o vazio que tantas pessoas sentem ao não fazer isso.

Também há evidências de que as pessoas que não aplicam seus dons são mais suscetíveis a cair na vida e na liderança. Os principais líderes que tiverem casos extraconjugais ou que desviaram dinheiro são geralmente aqueles que estavam levando as coisas de uma posição que não exigia que dependessem totalmente de suas forças.[4] Se você faz regularmente aquilo para o qual foi criado, a possibilidade de ficar cético, desconectado, orgulhoso ou irrelevante diminui.

E aquele papo de humildade? Bem, as pessoas autoconscientes sabem o que fazem de melhor, mas não ficam se gabando sobre isso. Elas apenas fazem as coisas.

4. Seus Limites

Um dos erros mais mortais que você pode cometer é ignorar seus limites. Isso foi um fator significante que me levou ao esgotamento. Por mais que você faça resistência a seus limites, eles ainda estarão aí. Pessoas autoconscientes têm uma percepção realística do que podem e não podem fazer, onde terminam e onde outros precisam começar. Quando precisam de um intervalo, elas fazem um. Quando estão cansadas, elas reconhecem o fato e assumem a responsabilidade por descansarem um pouco. Quando estão indo muito bem, elas se doam para o que for que estiverem fazendo.

Novamente, todos saem no lucro: seus colegas de trabalho, seus amigos e até sua família.

Ironicamente, os líderes que conhecem seus limites operam, com frequência, muito mais próximos de seu potencial do que líderes que não fazem ideia de quais são seus limites. Conhecer seus limites, em vez de ignorá-los, fará você ser muito mais eficaz.

AONDE O AUTOCONHECIMENTO O LEVA?

O autoconhecimento profundo, argumentou Calvino, cedo ou tarde nos leva para longe de nós mesmos, em direção a Deus, porque ele nos deixa "insatisfeitos conosco".[5] Calvino estava convencido de que quanto mais profundamente olhamos para nosso interior, mais desesperados podemos ficar.

Em meu processo de esgotamento, cavei mais profundamente nas profundezas de minha alma e coração do que jamais havia feito na vida. Cheguei à sóbria percepção de que não havia, nem de longe, tanto bem em minha alma quanto eu imaginava. Enxerguei uma futilidade intensa que me incomodou e fiquei mais ciente do que nunca sobre minha falta de poder para efetuar mudanças em minha vida.

Calvino disse que é exatamente isso que nos conduz de volta para Deus. Eu lhe ofereci apenas metade da equação antes, então quero lhe mostrar o restante: "Sem um conhecimento de si mesmo não há conhecimento de Deus... Sem um conhecimento de Deus não há conhecimento de si mesmo."[6]

E é aí que um profundo conhecimento de nós mesmos nos alinha com a ideia de Calvino: alcançar novamente Deus. Se você nunca se conhecer realmente, ele argumentou, ficará satisfeito com suas capacidades e habilidades. Nunca sentirá sua necessidade de Deus.

Talvez os muros do ceticismo, da concessão, da desconexão, da irrelevância, do orgulho, do esgotamento e do vazio nos mostrem a pobreza de uma vida longe de Deus. Eles causam isso em mim. Em essência, são essas coisas que realizo enquanto não redimido — enquanto não tocado pela graça e pelo trabalho regenerativo de Deus. Dessa forma, estar atento para ver o que está se aproximando pode ser uma das melhores maneiras de ficar perto de um Deus em que você está começando a acreditar ou começando a amar ainda mais profundamente. É uma forma de admitir suas fraquezas, sua falta de habilidade de caminhar pelas complexidades de uma vida que você não criou. É um apelo por direção feito a um Salvador. E sei por minha experiência que a presença e atividade de Jesus em minha vida é a única coisa que me deixou mais vivo e mais animado do que jamais estive.

E assim vem o círculo completo. Sem o autoconhecimento não há conhecimento de Deus. E sem o conhecimento de Deus não há autoconhecimento.

Quando esse círculo se fecha, você está em uma posição muito melhor, mais bem preparado para o que vier. E, ainda melhor, está pronto para lidar com isso, não sozinho, mas junto de um Deus que o criou e que o ama profundamente.

Agradecimentos

Um livro nunca é uma aventura solo. Embora apenas um nome apareça na capa, há uma associação de família, amigos e colegas de trabalho que ajudam a deixar a mensagem muito melhor. Anos atrás, aprendi que o essencial da vida não é muito o que você faz, mas com quem faz. Sou afortunado por conseguir fazer as coisas com algumas das melhores pessoas.

Primeiro, agradeço à minha esposa, Toni. Você vivenciou quase todas estas histórias e é muito da razão pela qual superei tudo isso. Deus continua usando você constantemente para que seja a graça em minha vida, a força em minha caminhada e a melhor amiga que poderia imaginar que algum dia teria. Os momentos que passamos juntos são os mais preciosos que já vivi. Só Deus sabe os longos períodos que você passou sozinha enquanto eu estava trabalhando demais, dando palestras longe ou preocupado em escrever coisas, como este livro. Mas assim como o amor, você continua me demonstrando bondade. Você também leu cada palavrinha deste livro, várias vezes, sempre sugerindo as melhores edições para que o trabalho ficasse ainda mais forte. Muito obrigado. Esta vida é uma aventura e estou muito mais que animado por tudo que ainda está por vir.

Aos meus meninos, Jordan e Sam, que também vivenciaram muito do conteúdo deste livro e testemunharam meu processo de aprendizado em primeira mão. Alex, agora minha linda nora, também tem sido parte desta jornada desde que estava no 9º ano. Adoro as longas conversas que todos nós temos e seus novos papéis, não apenas como meus filhos, mas também como amigos e companheiros nessa trajetória.

À congregação, equipe e anciãos na Igreja Connexus. Vocês continuam a me maravilhar. Muito obrigado pelo privilégio de construir igrejas onde as pessoas vão semana após semana, ano após ano. E um agradecimento especial a Jeff Brodie, que assumiu o papel que costumava ser meu como pastor principal. Ele não apenas está mais do que à altura para superar os desafios, mas também continua me deixando aconselhar, pregar e ser parte desta história maravilhosa como pastor fundador. Jeff, agradeço muito pelo seu encorajamento e apoio em projetos como este e em tudo o que acontece em minha vida. Muito obrigado.

Reggie Joiner. Somos amigos há anos e já fiz mais refeições com ele do que com qualquer outra pessoa em minha vida, salvas as pessoas que são meus parentes ou quem eu seja casado. A clareza que você me deu naquela noite, no Dallas Marriott, quando nos sentamos para sonhar a respeito deste livro, foi excepcional. E obrigado pelo título. *Imprevisível* foi uma ideia genial. Mas isso não é surpresa para qualquer um que conhece o Reggie. Amo muito minha família Orange/reThink.

Jon Acuff foi um ótimo amigo para testar algumas ideias quanto ao título deste livro, de outros e com muitas outras coisas. Frank Bealer e Jeff Henderson participaram de inúmeros jantares, leram vários textos e atenderam a muitas ligações durante o processo da escrita. Obrigado, pessoal. E obrigado a David McDaniel, que está na minha equipe consultiva pessoal e cujas impressões sobre minha vida em tantas conjunturas cruciais foram inestimáveis.

Sou muito agradecido à minha equipe: Sarah Piercy, LeAnne Kelly, Holly Beth Singleton, Dillon Smith e Lauren Cardwell. Vocês são incríveis. A cada dia ajudam mais as pessoas a prosperar na vida e na liderança. Também, muito obrigado ao meu desenvolvedor de internet, Chris Lema; ao meu produtor de podcast, Toby Lyles; e aos meus gurus de marketing, Alejandro Reyes e Savannah Sullivan. Embora cada um tenha sua própria empresa, vocês sabem que são parte da equipe aqui.

Agradeço, ainda, a Jenn Bailey, Marja Nieuwhof (mais conhecida como Mãe) e Sam Nieuwhof, por manterem tudo o que envolve o blog e os podcasts funcionando tão belamente e mantendo nossa empresa saudável. Além disso, vocês tornam o processo divertido. Muito obrigado!

Toni Nieuwhof, Andy Harvey, Jeff Henderson, Frank Bealer, Sarah Piercy, Justin Piercy, Gary Hurst, Jeff Brodie, Jeremy MacDonald, Rich Birch, Dave Douglas, Esther Fedorkevich e Lauren Hall leram o manuscrito inteiro ou partes dele, oferecendo um feedback útil e um encorajamento muito apreciado ao longo do caminho

Mark Batterson, meu amigo, também ofereceu uma grande direção e encorajamento no início do processo da escrita. Ele me ajuda a manter minha alma e espírito na direção certa. Kevin Jennings é uma das pessoas mais inovadoras e encorajadoras que conheço no mundo do marketing. Suas ideias me fizeram ser alguém muito melhor. E agradeço especialmente a Lane Jones, que me permite continuar frequentando North Point, mesmo depois que o título de pastor principal desapareceu de meu cartão de visitas.

Minha agente, Esther Fedorkevich, é uma pessoa única. Ela, Lauren Hall e Whitney Gossett superaram minhas expectativas sobre o que uma agência pode fazer por um autor. Vocês três e a equipe inteira na Fedd Agency são incríveis. Que legal que este é apenas o primeiro projeto!

E também há a equipe na WaterBrook. Gostei tremendamente de todo esse processo. Meu editor, Andrew Stoddard, rapidamente tornou-se um amigo e um entusiasta, encorajador e assistente principal ao longo do caminho. Também sou muito agradecido por todo seu coaching e sábios conselhos. Obrigado a vocês, Kathy Mosier, Keith Wall e à equipe, por ajudarem na edição. Muito obrigado a Alex Field por acreditar em mim. Sou extremamente grato pela parceria e apoio demonstrados por Tina Constable, Campbell Wharton e Wade Lucas na Penguin New York. Obrigado por demonstrar interesse em um advogado que virou pastor que virou escritor.

Há cerca de outras 500 pessoas que também devem receber meus agradecimentos. As palavras não podem expressar o nível de minha gratidão por ter minha vida repleta de tantas pessoas inigualáveis, como membros de família, amigos e colegas de trabalho que deixam tudo melhor a cada dia.

Notas

Capítulo 1: Mostre-me Um Advogado Feliz
1. Veja Mateus 16:26*.
2. Eclesiastes 1:18.
3. Thomas Hobbes, *Leviathan* (New York: Penguin Classics, 1985), 186 [publicado no Brasil sob o título *Leviatã ou Matéria, Forma e Poder de um Estado Eclesiático Civil*].
4. Jean-Paul Sartre, *No Exit and Three Other Plays* (New York: Vintage, 1989), 45 [publicado no Brasil sob o título *Entre Quatro Paredes*].

Capítulo 3: Bem-sucedido (Por Fora)
1. Stephen R. Covey, *The 7 Habits of Highly Effective People: Powerful Lessons in Personal Change* (New York: Simon and Schuster, 2004), 103–105 [publicado no Brasil com o título *Os 7 Hábitos das Pessoas Altamente Eficazes: Lições Poderosas para a Transformação Pessoal*].
2. Romanos 7:15, 18–19, 21–24.

Capítulo 4: Retirando Sua Alma do Mercado
1. Blaise Pascal, *Pensées,* trans. A. J. Krailsheimer, rev. ed. (New York: Penguin, 1995), 37 [publicado no Brasil sob o título *Pensamentos*].
2. Mateus 7:14.
3. Mateus 7:12.
4. Romanos 7:24–25.
5. "10 Research Findings About Deception That Will Blow Your Mind", *Liespotting,* <http://liespotting.com/2010/06/10-research-findings-about-deception-that-will-blow-your-mind/>; Travis Bradberry, "Sixty Percent of Your Colleagues Are Lying to You", *Huffington Post* (blog), 14 de fevereiro de 2016, <www.huffingtonpost.com/dr-travis-bradberry/sixty-percent-of-your-col_b_9044758.html>.

---

* N.T.: As referências bíblicas foram extraídas da versão da Bíblia Viva (exceto quando indicado de outra forma), pois assemelham-se mais às usadas pelo autor em inglês, a versão *New Living Translation.*

6. Mesmo uma leitura superficial das Escrituras lhe mostrará que é isso que Jesus quis dizer com maturidade, mas, se estiver em dúvida, leia João 13:34-35; 15:12; 17, e 1 Coríntios 13.

Capítulo 5: Tem Alguém Aí?

1. Richard Alleyne, "Welcome to the Information Age—174 Newspapers a Day", *Telegraph*, 11 de fevereiro de 2011, <www.telegraph.co.uk/news/science/science-news/8316534/Welcome-to-the-information-age-174-newspapers-a-day.html>.

2. Tim Elmore, "What Really Cultivates Self Esteem in Students?", *Psychology Today*, 19 de setembro de 2013, <www.psychologytoday.com/blog/artificial-maturity/201309/what-really-cultivates-self-esteem-in-students>.

Capítulo 6: Livrar-se do Seu Telefone Não Vai Adiantar

1. Thomas Edison, em Nathan Furr, "How Failure Taught Edison to Repeatedly Innovate", *Forbes*, 9 de junho de 2011, <www.forbes.com/sites/nathanfurr/2011/06/09/how-failure-taught-edison-to-repeatedly-innovate/#11134a5865e9>.

2. Ver Filipenses 2:3.

3. Conversa pessoal com John Ortberg, em novembro de 2017. Ver também John Ortberg, *Soul Keeping: Caring for the Most Important Part of You* (Grand Rapids, MI: Zondervan, 2014), 18-21.

Capítulo 7: A Mudança Nunca Pede Permissão

1. Rick Warren, "How to Stay Relevant", TEDx talk, 31 de outubro de 2012, 12:41, <www.youtube.com/watch?v=LFdRFhVQwvU>.

2. Jacqueline Howard, "Here's How Your Taste in Music Evolves as You Age, According to Science", *Huffington Post*, 21 de maio de 2015, <www.huffingtonpost.ca/entry/taste-in-music-age_n_7344322>.

3. Howard, "Here's How Your Taste in Music Evolves".

Capítulo 8: Almejando o Diferente

1. Eu até escrevi um livro sobre isso, com o título *Leading Change Without Losing It* (Cumming, GA: reThink Group, 2012).
2. Scott Anthony, "Kodak's Downfall Wasn't About Technology", *Harvard Business Review*, 15 de julho de 2016, <https://hbr.org/2016/07/kodaks-downfall-wasnt-about-technology>.
3. Steven Pressfield escreveu um ótimo livro sobre a resistência que as pessoas sentem quanto à mudança que querem realizar: *Do the Work! Overcome Resistance and Get Out of Your Own Way* (North Egremont, MA: Black Irish Entertainment, 2011).

Capítulo 9: Não São Apenas os Narcisistas

1. Timothy Keller (@timkellernyc), Twitter, 12 de setembro de 2014, 14h25, <https://twitter.com/timkellernyc/status/510539614818680832?lang=en>.
2. Bobby Ross Jr., "Sex, Money... Pride? Why Pastors Are Stepping Down", *Christianity Today*, 14 de julho de 2011, <www.christianitytoday.com/ct/2011/julyweb-only/sexmoneypride.html>.
3. John Piper, "John Piper's Upcoming Leave", Desiring God, 28 de março de 2010, <www.desiringgod.org/articles/john-pipers-upcoming-leave>.
4. John Piper, "I Act the Miracle", Desiring God, 24 de fevereiro de 2011, <www.desiringgod.org/messages/i-act-the-miracle>.

Capítulo 10: Hábitos dos Humildes

1. Tiago 3:13–18. (Nova Tradução na Linguagem de Hoje)

Capítulo 11: É Como Cair de Um Precipício

1. Ver Romanos 12:15.

Capítulo 12: Seu Novo Normal

1. Terry foi meu mentor em um programa chamado Pastors of Excellence (Pastores por Excelência, em tradução livre), que não existe mais. Você pode ter uma ideia da liderança de Terry em seus livros. Ver, por exemplo, *Identity Matters: Discovering Who You Are in Christ* (Abilene, TX: Leafwood, 2017).

Capítulo 13: Quando Todos os Seus Sonhos se Realizam

1. Ver 1 Reis 10:21.
2. Eclesiastes 1:2–8. (Nova Versão Internacional)
3. Eclesiastes 1:13, 16–18.
4. Carmine Gallo, "70% of Your Employees Hate Their Jobs", *Forbes*, 11 de novembro de 2011, <www.forbes.com/sites/carminegallo/2011/11/11/your-emotionally-disconnected-employees>.
5. Eclesiastes 2:1–3.
6. Eclesiastes 2:4–11.
7. Stephen Adams, "Obesity Killing Three Times as Many as Malnutrition", *Telegraph*, 13 de dezembro de 2012, <www.telegraph.co.uk/news/health/news/9742960/Obesity-killing-three-times-as-many-as-malnutrition.html>.
8. Eclesiastes 1:8.

Capítulo 14: Venha a Mim o Meu Reino?

1. Lucas 9:24.

Conclusão: Calvino Encontra-se Com Hobbes

1. João Calvino, *Institutes of the Christian Religion*, ed. John T. McNeill, trans. Ford Lewis Battles (Louisville, KY: Westminster John Knox, 2006), 1:35 [publicado no Brasil sob o título *A Instituição da Religião Cristã*].
2. Ver Daniel Goleman, *Emotional Intelligence: Why It Can Matter More Than IQ* (New York: Bantam, 1995) [publicado no Brasil sob o título *Inteligência Emocional: A Teoria Revolucionária que Redefine o que É Ser Inteligente*].
3. Obrigado ao meu amigo Jeff Henderson por essa definição maravilhosa. Ele faz uma pergunta excepcional de autoconhecimento às pessoas ao seu redor: "Como é estar do outro lado de mim?"
4. Ver Stephen Mansfield, *10 Signs of a Leadership Crash* (Nashville: Blackwatch Digital, 2017).
5. Calvino, *Institutes*, 1:37.
6. Calvino, *Institutes*, 1:37.

CONHEÇA OUTROS LIVROS DA ALTA BOOKS

Negócios - Nacionais - Comunicação - Guias de Viagem - Interesse Geral - Informática - Idiomas

  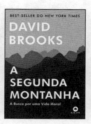 

Todas as imagens são meramente ilustrativas.

SEJA AUTOR DA ALTA BOOKS!

Envie a sua proposta para: autoria@altabooks.com.br

Visite também nosso site e nossas redes sociais para conhecer lançamentos e futuras publicações!
www.altabooks.com.br

/altabooks ▪ /altabooks ▪ /alta_books

ALTA BOOKS
E D I T O R A